PETITE ENCYCLOPÉDIE JURIDIQUE
XVII

CODE

DES

JUGES DE PAIX

considérés comme

OFFICIERS DE POLICE JUDICIAIRE

AUXILIAIRES DU PROCUREUR DE LA RÉPUBLIQUE

ET DÉLÉGUÉS DU JUGE D'INSTRUCTION

par

M. A. SCOHYERS

ANCIEN AVOUÉ

JUGE DE PAIX DU CANTON DE COURVILLE (EURE-ET-LOIR)

PARIS

A. DURAND ET PEDONE-LAURIEL, ÉDITEURS

Libraires de la Cour d'Appel et de l'Ordre des Avocats

G. PEDONE-LAURIEL, SUCCESSEUR

13, Rue Soufflot, 13

1881

CODE

DES

JUGES DE PAIX

CODE

DES

JUGES DE PAIX

considérés comme

OFFICIERS DE POLICE JUDICIAIRE
AUXILIAIRES DU PROCUREUR DE LA RÉPUBLIQUE
ET DÉLÉGUÉS DU JUGE D'INSTRUCTION

par

M. A. SCOHYERS

ANCIEN AVOUÉ

JUGE DE PAIX DU CANTON DE COURVILLE (EURE-ET-LOIR)

PARIS

A. DURAND ET PEDONE-LAURIEL, ÉDITEURS

Libraires de la Cour d'Appel et de l'Ordre des Avocats

G. PEDONE-LAURIEL, SUCCESSEUR

13, Rue Soufflot, 13

1881

PRÉAMBULE

Nous n'avons pas voulu écrire un traité concernant les attributions des juges de Paix en matière criminelle. Le sujet est épuisé, et si dans le domaine de la théorie juridique, le vers du poëte :

Grammatici certant, et adhuc sub judice lis est

est toujours applicable, il y a longtemps que la pratique, aidée de la jurisprudence, a fait son choix.

Ce que nous offrons à nos collègues, sous un format portatif, c'est l'ensemble des règles de la procédure criminelle, en ce qui concerne leurs attributions, et telles qu'une expérience de chaque jour les a confirmées. C'est un « *guide pratique* » que le magistrat peut consulter rapidement, soit qu'il se trouve en présence d'un témoin à interroger, soit qu'il se transporte pour informer sur un flagrant délit ou pour procéder à une levée de corps.

Les attributions des Juges de Paix, dans le domaine criminel, sont nombreuses et importantes : ainsi, l'information en cas de flagrants délits et les constatations rapides qu'elle exige ; les levées de corps et la recherche des indices révélateurs qui peuvent en résulter ; les dénonciations et les plaintes ; les enquêtes qui en sont la conséquence ; les commissions rogatoires du juge d'instruction, rentrent dans la compétence du juge de paix, officier de police judiciaire.

Cependant les juges de paix, par la nature de leurs travaux antérieurs et le caractère même de leur institution, restent souvent étrangers à l'étude de la procédure criminelle. Pour beaucoup d'entre eux, et des plus distingués, les attributions de police judiciaire dont ils sont investis, et qu'ils n'exercent qu'accidentellement, constituent une prérogative gênante et fastidieuse, en désaccord avec leur mission pacifique.

C'est pour eux une éducation à refaire, et il est un âge où l'éducation, avec la meilleure volonté du monde, ne se refait plus.

Dans ces conditions, le juge de paix préférera, à un ouvrage de longue haleine, un livre pratique dans lequel il trouvera, résumées et condensées, toutes les indications qui, le cas échéant, lui seront nécessaires.

C'est à ce point de vue que nous nous sommes placé ; et pour compléter notre travail, nous avons recueilli à la fin de l'ouvrage les formules les plus généralement employées.

A. SÇOHYERS.

CODE

DES

JUGES DE PAIX

—

I

LE JUGE DE PAIX AUXILIAIRE DU PROCUREUR DE LA RÉPUBLIQUE

§ I. — *Du flagrant délit.*

1. — Le délit qui se commet actuellement ou qui vient de se commettre est un flagrant délit (art. 41 Code inst. crim.).

2. — Sont aussi réputés flagrant délit, le cas où le prévenu est poursuivi par la clameur publique, et celui où il est trouvé saisi d'effets, armes, instruments ou papiers faisant présumer qu'il est auteur ou complice, *pourvu que ce soit dans un temps voisin du délit.*

3. — La compétence du juge de paix, en cas de flagrant délit, s'exerce dans les trois cas suivants : si l'infraction a été commise dans son canton; si le prévenu y a sa résidence, ou s'il y a été trouvé (Art. 23, 48 Code inst. crim.).

4. — Il faut de plus qu'il s'agisse d'un fait de nature à entraîner peine afflictive ou infamante (art. 40 Code inst. crim.).

5. — Le juge de paix informé d'un flagrant délit, doit tout d'abord en donner avis par télégramme au Procureur de la République qui, selon les cas, se transportera sur les lieux, ou chargera le juge de paix des actes de sa compétence (art. 52 Code inst. crim.).

6. — Mais le juge de paix, sans attendre cette délégation, et agissant en vertu des pouvoirs directs qu'il tient de la loi, procédera immédiatement aux premiers actes de l'instruction. (art. 49 Code inst. crim.).

7. — Il se transportera sur les lieux, sans le moindre retard, accompagné de son greffier. (Voir n°s 146 et suivants pour l'indemnité de transport allouée au juge de paix et au greffier).

8. — Si la présence de la Gendarmerie est nécessaire, il en requerra l'assistance. La réquisition sera écrite, datée, signée et visera la loi qui l'autorise, ou simplement l'art. 25 du Code d'instruction criminelle (formule n° 204).

9. — Selon la nature du délit, il se fera accompagner d'un homme de l'art (formule n° 205) qui procédera aux constatations nécessaires, serment préalablement prêté (formule n° 205 bis) (art. 43, 44 Code inst. crim.).

10. — Il pourra se faire assister de manouvriers ou gens de travail, pour les opérations matérielles que la constatation du délit nécessiterait. En cas de refus, l'article 475 n° 12 du code pénal leur serait applicable.
Pour le paiement de leurs frais, voir n° 154.

11. — Dès son arrivée, le juge de paix pourra défendre que qui que ce soit sorte de la maison, ou s'éloigne du lieu, jusqu'à la clôture du procès verbal. Tout contrevenant à cette défense, sera déposé dans la maison d'arrêt, sous mandat décerné par le juge de paix, (formule n° 209) sans préjudice des peines qui pourront être prononcées par le juge d'instruction, sur les conclusions du Procureur de la République (art. 34 Code inst. crim.).

12. — Le juge de paix devra se faire assister soit du commissaire de police, soit du maire, soit de l'adjoint ou de deux citoyens domiciliés dans la commune ; à moins qu'il ne lui soit impossible de se procurer des témoins immédiatement (art. 42 Code inst. crim.).

13. — Le juge de paix constatera *le corps du délit, son état et l'état des lieux* : c'est la partie la plus délicate et la plus importante de ses opérations.

14. — *Le corps du délit* est l'objet sur lequel a frappé le délit ; c'est en un mot le délit même : en cas de vol, la chose volée ; en cas d'homicide, le cadavre de la victime.

15. — *L'état du corps du délit* est l'ensemble des circonstances essentielles ou accessoires qui ont accompagné le crime.

16. — *L'état des lieux* est la description détaillée de l'endroit où le crime a été commis, et de tous les faits relatifs à son exécution, (effraction, escalade, etc.).

17. — Le juge de paix doit s'efforcer de reconnaître la nature du crime, le moment de son exécution, les moyens qu'on a employés, le nombre des coupables et des complices, les autres crimes ou délits qui seraient connexes ou non.

18. — Le juge de paix fera bien de se reporter à la loi pénale applicable, afin de ne pas omettre les circonstances caractéristiques du délit et celles qui peuvent l'aggraver ou l'atténuer. (*Voir n° 57, la nomenclature des crimes les plus graves et les plus fréquents, avec l'article du code pénal qui leur est applicable et les principaux actes qui s'y rattachent et dont doit particulièrement se préoccuper le magistrat instructeur.*)

19. — Lorsque le coupable ne sera pas connu, le juge de paix s'informera si des soupçons pèsent sur quelqu'un.

Il recueillera les différents indices, en examinera la valeur, recherchera l'intérêt ou la passion qui aurait pu déterminer à commettre le crime, s'entourera en un mot de tous renseignements utiles.

20. — Le juge de paix décernera un mandat d'amener contre le prévenu, mais seulement dans le cas où il existerait contre lui des *indices graves :* la plainte ou la dénonciation ne constituant pas une présomption suffisante pour décerner un mandat d'amener contre un individu qui a domicile. (Art. 40 Code inst. crim.)

21. — Le mandat d'amener sera signé par le juge de paix et muni de son sceau (formule n° 208).

22. — Si le prévenu est présent, il sera interrogé sur le champ (voir n° 71 et formule n° 210). L'interrogatoire pourra être discontinué et repris au cours des opérations. Il sera rédigé par acte séparé.

23. — Le juge recevra les déclarations des personnes qui auraient pu être présentes et de toutes celles qui auront des renseignements à donner. (Art. 32, Code inst. crim.)

24. — Il pourra également appeler les parents, voi-

sins ou domestiques en état de fournir des éclaircissements sur le fait en lui-même, ou sur les circonstances qui l'ont accompagné. (art. 33. Code Inst. crim).

25. — Ces différentes personnes seront mandées
par un agent de la force publique.

26. — Après avoir dit leurs nom, prénoms, âge,
profession et demeure, elles déposeront sommairement,
et sans prestation de serment. Elles seront entendues
de la façon la plus rapide, hors la présence du prévenu et séparément les unes des autres.

27. Le magistrat leur adressera telles interpellations qu'il jugera convenable pour faciliter la découverte de la vérité.

28. — Si le prévenu n'est pas arrêté, le juge de
paix se fera donner et consignera avec soin dans son
procès-verbal, le signalement détaillé de sa personne
et de ses vêtements avec l'indication des signes qui
rendraient son signalement plus frappant.

29. — Les déclarations des témoins seront reçues
par un acte distinct du procès-verbal de constat (formule n° 213).

30. Les déposants signeront leur déclaration après
lecture, au bas de chaque page, ainsi que le juge et le
greffier ; ils approuveront les ratures et les renvois.
Il ne doit y avoir ni interligne ni surcharge.

31. — Les personnes entendues en cas de flagrant
délit réclament rarement la taxe des témoins ordi-
naires.

Cependant si elles la requéraient, il y aurait lieu de
la leur allouer.

En ce cas, comme elles comparaissent sans cita-

tion, la taxe serait faite sur papier libre, (formule n°
215).

32. — Le juge de paix interpellera le prévenu d'assister à toutes les opérations, en personne, ou par un
fondé de pouvoir.

Il mentionnera sa réponse.

Une procuration orale est valable, alors qu'elle est
consignée au procès-verbal.

33. — Le juge de paix saisira, tant sur le prévenu,
qu'à son domicile ou ailleurs, les papiers et effets
qui pourraient servir à conviction, même les lettres
missives qui se trouveraient aux mains de l'administration des postes ; les armes et les instruments qui
paraîtraient avoir servi, ou avoir été destinés à commettre le crime (art. 35, 36, 37 du Code d'inst. crim.)

Sont compris dans le mot *armes* toutes machines,
tous instruments ou ustensiles tranchants, perçants ou
contondants.

Les couteaux et ciseaux de poche, les cannes simples ne sont réputés armes qu'autant qu'il en aura été
fait usage pour tuer, blesser ou frapper (art. 101
Code pénal).

34. — Les objets saisis seront représentés au prévenu qui devra s'expliquer sur leur possession.

35. — Le juge de paix, s'il y a lieu, se transportera au domicile du prévenu et de ses complices, pour
y opérer la recherche et la saisie de tous les objets
qui pourraient servir à éclairer la justice (art. 36 Code
inst. crim.).

36. — Il a le droit de s'introduire, non seulement
chez le prévenu et ses complices, à leurs différents
domiciles, mais encore chez les individus désignés
par la clameur publique comme recéleurs, ainsi que

chez les personnes au domicile desquelles des pièces de conviction existeraient ou viendraient d'être transportées ; car cette circonstance caractérise encore le flagrant délit.

37. — Dans le cas où le prévenu ou ses complices auraient un domicile hors du canton, le juge de paix peut commettre un autre auxiliaire pour procéder à la visite domiciliaire.

38. — Mais il ne peut, sans une commission du juge d'instruction, s'introduire chez les tiers, sauf le cas de réquisition de la part d'un chef de maison et le cas où il s'agit de fausse monnaie, de contrefaçon des sceaux de l'État, de faux papiers nationaux, de faux billets de la Banque de France ou des banques de départements. Dans ce cas, l'art. 464 du code d'inst. crim. l'autorise à continuer, même hors de son ressort, les visites domiciliaires chez les personnes soupçonnées d'avoir participé au crime par la fabrication, l'introduction ou la distribution des objets entachés de faux.

39. — Le juge de paix, sauf dans le cas où il a été requis par le chef de la maison (art. 46, Code inst. crim.) ne peut s'introduire la nuit dans le domicile d'aucune personne ; (*de 6 h. du soir à 6 h. du matin*, depuis le 1ᵉʳ octobre jusqu'au 31 mars, *et de 9 h. du soir à 4 h. du matin*, depuis le 1ᵉʳ avril jusqu'au 30 septembre. Art. 1037 du Code de procéd. civile.— Art. 291 du décret du 1ᵉʳ mars 1854).

40. — Il y a exception pour les cafés, auberges et autres maisons ouvertes au public, dans lesquelles il pourra entrer jusqu'à l'heure où elles doivent être fermées, et même après cette heure, si de fait, elles sont encore ouvertes ; et pour le cas où il s'agirait de faire cesser une détention arbitraire (art. 616 Code inst. crim.).

41. — Il devra faire investir provisoirement la maison, durant le reste de la nuit, s'il craint l'évasion du prévenu ou l'enlèvement des pièces de conviction.

42. — Mais si la visite domiciliaire avait été commencée pendant le jour, elle pourrait être continuée, même pendant la nuit ; car ce n'est que l'introduction pendant la nuit qui est prohibée.

43. — Lorsqu'il s'agit de crime ou délit commis dans les palais, châteaux, maisons nationales ou leurs dépendances, le juge de paix doit se présenter au gouverneur qui lui donnera tous accès et facilités, et lui remettra le prévenu s'il est arrêté (ordonnance du 20 août 1817).

44. — Si le crime ou délit a été commis dans un établissement d'instruction publique, appartenant à l'Université, le juge de paix, hors le cas de flagrant délit, d'incendie et de secours demandés à l'intérieur, ne pourra y pénétrer que sur délégation spéciale du procureur de la République, ou du juge d'instruction sur les réquisitions du parquet (art. 157 du décret du 15 novembre 1811).

45. — Après toutes ces différentes constatations et recherches, le juge de paix rédigera le procès-verbal de constat (formule 219).

Le procès-verbal de constat doit être clair et précis. Il énoncera la date et le lieu de la rédaction ; les nom et prénoms du juge de paix et la qualité dans laquelle il agit ; la façon dont il a été informé du délit ; la nature du fait et de toutes les circonstances, soit aggravantes, soit atténuantes qui ont pu se révéler ; la défense de s'éloigner, faites aux personnes présentes ; les prénoms, nom, profession, âge et demeure des plaignants, des prévenus ou de leurs complices ; leur signalement, s'ils sont en fuite ; l'interpellation à eux faite, s'ils sont présents, d'assister aux opérations et, s'il y a lieu, le nom de leurs mandataires ; les pièces de conviction saisies, la description des armes et de leur état ; la représentation qui a été faite au prévenu des pièces de conviction ; son refus, le cas échéant, de les parapher ; les mandats décernés ; la réquisition adressée aux experts et hommes de l'art, ainsi que le serment par eux prêté ; la mention que leur rapport sera rédigé séparément et qu'il sera annexé au procès-verbal ; une analyse succincte de ce rapport ; les autres crimes ou délits qui ont été découverts au cours de l'information ; l'apposition des scellés, selon les cas ; en un mot, toutes les recherches et investigations auxquelles le magistrat a pu se livrer, et les résultats qu'il a obtenus.

46. — Le procès verbal de constat sera signé au bas de chaque page par le juge de paix et son greffier, ainsi que par le maire, l'adjoint, le commissaire de police ou les témoins qui auraient concouru, le prévenu ou son fondé de pouvoir. Les experts devront également le signer, pour constater leur prestation de serment, (art. 42, Code inst. crim.)

Si une ou plusieurs des personnes ci-dessus dénommées ne pouvaient ou ne voulaient signer, il en serait fait mention.

47. — Le juge de paix, selon la nature du crime et de ses circonstances, décrira les lieux, leur disposition, leurs alentours, leur proximité ou leur éloignement d'un endroit fréquenté.

48. — Il constatera si la maison était habitée, les traces d'effraction, d'escalade, les empreintes de pas qu'il aura soin de décrire et même de calquer fidèlement, les traces de sang, l'état des meubles, la confusion qui peut régner dans l'intérieur de la maison, ainsi que les objets, papiers et instruments que les auteurs du crime ont laissés derrière eux.

49. — Le juge de paix, aussitôt que l'information sur le flagrant délit sera terminée, adressera au procureur de la République les procès verbaux, les papiers saisis sur le prévenu ou ailleurs, les pièces de conviction qui seront closes et cachetées, si faire se peut, après avoir été paraphées par le juge, le greffier, le prévenu ou son fondé de pouvoir ; sinon placées dans un vase ou dans un sac, sur lequel le juge de paix attachera une bande de papier qu'il scellera de son sceau (art. 38, Code inst. crim.)

50. — S'il résulte des différents actes de la procédure que le prévenu est innocent, le juge de paix ordonnera qu'il soit relaxé.

51. — Si les indices qui s'élevaient contre lui ne sont pas dissipés, il sera maintenu en état d'arrestation et conduit, sur réquisition du juge de paix, devant le procureur de la République (formule n° 206) (art. 45, Code inst. crim.)

52 — Le juge de paix est dessaisi dès qu'il a transmis les pièces au procureur de la République : il ne peut plus faire de lui même, et sans une commission rogatoire, aucun acte d'instruction.

53. — Dans le cas de concurrence entre le procureur de la République et le juge de paix, le premier doit faire tous les actes attribués à la police judiciaire. Si le juge de paix a commencé l'information, le procureur de la République peut l'autoriser à la poursuivre ou continuer lui-même la procédure (art. 51, Code inst crim.)

54. — Il peut aussi charger le juge de paix de partie des actes de sa compétence (art. 52 même code); mais il faudrait dans ce cas une réquisition écrite qui déterminerait la mission du magistrat délégué.

55. — Lorsque le juge de paix se trouve en concurrence avec le juge d'instruction, il est dessaisi de plein droit.

56. — Lorsqu'il se trouve en concurrence avec un commissaire de police ou un maire, la direction des opérations doit lui être abandonnée ; car les articles 48 et 50 du code d'inst. crim. lui attribuent la priorité à l'égard des autres officiers auxiliaires. De plus, ayant juridiction sur tout un canton, il peut continuer l'information dans une autre commune, ce qui est interdit aux maires et aux commissaires de police.

57. — La marche à suivre pour constater les différents crimes, varie beaucoup avec la nature de chacun d'eux et avec les circonstances qui l'accompagnent.

C'est à l'officier de police judiciaire à savoir se guider d'après le caractère qu'offre chaque affaire.

Voici cependant quelques règles applicables aux crimes les plus fréquents.

58. — *Attentat à la pudeur* (Voir *viol* n° 69.)

59. — *Avortement* (art. 317 du code pénal.)
Le juge de paix devra tout d'abord chercher à découvrir la présence de l'avorton. La visite de la femme ne pourrait donner de résultat sérieux que si la grossesse était très-avancée.

L'avortement une fois constaté, on recherchera s'il a été provoqué par des manœuvres coupables, ou si, au contraire, il s'est opéré naturellement.

Plusieurs remarques aideront le magistrat dans ses investigations : la femme a-t-elle caché sa grossesse; s'est-elle livrée à des exercices violents et dangereux ; a-t-elle acheté des drogues ; a-t-elle caché aux personnes de son entourage les douleurs qu'elle éprouvait ; s'est-elle fait saigner secrètement et à plusieurs reprises ; n'a-t-elle point caché l'hémorragie qui suit l'avortement? etc.

Le juge de paix recherchera également si les médicaments que l'on considère comme abortifs ont été conseillés dans une intention criminelle.

Malgré les termes si précis de l'art. 317 du code pénal, la cour de cassation persiste à considérer la tentative d'avortement comme punissable. Elle ne fait d'exception que pour la femme enceinte.

60. — *Contrefaçon de billets de banque* (Voir *fausse monnaie* n° 63).

61. — *Empoisonnement* (art. 301 et 302 du code pénal).

On ne pourra affirmer que l'individu est mort empoisonné, qu'après avoir constaté la présence du poison.

Cette constatation appartient à l'homme de l'art.

Le juge de paix saisira les vases imprégnés de substances suspectes. Il fera extraire les viscères qui peuvent en renfermer et les enverra aux magistrats qui doivent instruire l'affaire, parce qu'ils sont plus à même de faire procéder avec succès à une analyse délicate.

L'individu empoisonné s'est-t-il suicidé ou le poison lui a-t-il été administré par une main étrangère ?

On devra rechercher si quelqu'un avait intérêt à la mort de la victime; si cette personne a acheté ou préparé des poisons de même nature ; dans quel but ; si la victime avait des ennemis ; si quelqu'un a proféré contre elle des menaces de mort, etc.

On s'enquerra d'autre part de tous les faits et circonstances qui pourraient faire présumer le suicide.

62. — *Exposition d'enfant* (art. 349, 351 et 353 du code pénal.

L'exposition d'enfant, ou *exposition de part*, ne constitue un crime que dans le cas où elle aurait entraîné la mort ou la mutilation de l'enfant délaissé.

Il faut rechercher si l'enfant est mort-né ; et, s'il a vécu, jusqu'à quel point le défaut de soins et les conditions du milieu dans lequel il a été laissé, ont pu contribuer à le faire périr, ou à ce qu'il fût mutilé.

Si l'exposition de l'enfant correspond avec la disparition de la grossesse chez une femme que l'on croyait enceinte, il faudra rechercher s'il y a eu réellement accouchement, et à quelle époque.

63. — *Fausse monnaie et contrefaçon de billets de banque* (Art. 132 et suivants et art. 139 du code pénal).

La procédure d'instruction est la même pour la contrefaçon des billets de banque que pour la fausse monnaie.

Le juge de paix doit commencer par saisir les pièces contrefaites ou altérées. Il en constatera le nombre et l'espèce ; si elles sont en or, en argent ou en cuivre, et si elles sont frappées au titre français ou étranger.

Il recherchera les instruments et la matière qui auraient pu servir à la fabrication des pièces fausses.

Il s'efforcera d'obtenir des révélations de la part des prévenus, auteurs ou complices, en leur représentant que la loi (art 138 du code pénal) leur fait remise de la peine encourue s'ils procurent l'arrestation des autres coupables.

Il indiquera le nom des révélateurs.

Il vérifiera les allégations des prévenus qui affirmeraient avoir reçu pour bonnes les pièces contrefaites ou altérées, remises par eux en circulation : car, s'il en était ainsi, ils ne pourraient pas être poursuivis.

Il indiquera également si les prévenus ont fait usage des dites pièces, après les avoir fait vérifier et en avoir connu les vices ; ce qui n'entraînerait qu'une amende correctionnelle (art. 135 du code pénal).

64. — *Faux en écritures* (art. 145 à 152 ; 163 et 164 du code pénal).

L'usage fait sciemment d'une pièce fausse est puni comme le faux lui-même, qu'il s'agisse du faux en écritures authentiques et publiques, ou en écritures privées.

Le juge de paix saisira tout d'abord les pièces fausses ou falsifiées, car elles constituent le corps du délit.

Il décrira minutieusement l'état matériel des pièces saisies ; puis les signera et paraphera à toutes les pages, ainsi que le greffier. Il en sera de même du déposant, du prévenu, de la partie civile, des témoins à qui les pièces seraient représentées et du fonctionnaire qui s'en dessaisirait, si la pièce arguée de faux était tirée d'un dépôt public. Si quelques-unes de ces personnes ne pouvaient ou ne voulaient signer, mention en serait faite au procès-verbal.

Il en sera de même pour les pièces qui seront fournies afin de servir de comparaison. Le juge de paix recherchera l'utilité que la pièce arguée de faux pouvait avoir pour le prévenu, par suite des stipulations, à son profit, qui y seraient contenues.

Bien que le faux commis dans les passeports, feuilles de route et certificats ne constitue qu'un simple délit (à moins que le certificat faux n'ait porté préjudice au Trésor ou à un tiers), le juge de paix n'en devra pas moins le constater (art. 153 et suivants du code pénal).

65. — *Homicide* (art. 295 et suivants du code pénal).

Si la victime a succombé, le juge de paix constatera le corps du délit, comme il est dit pour les *levées de corps* (n°ˢ 104 et suivants).

Si la victime n'a pas succombé, il faudra la faire visiter, faire constater ses blessures et son état, et recevoir sa déposition circonstanciée.

Le prévenu sera confronté avec la victime et, le cas échéant, avec son cadavre : cette vue peut arracher au coupable l'aveu de son crime.

Si le juge de paix n'a pu recueillir les déclarations de la personne homicidée il s'informera près des personnes qui ont assisté à ses derniers moments, de ce qu'elle aurait pu dire relativement au crime et à ses auteurs.

La visite du plaignant, l'examen de ses vêtements et de ses blessures, les renseignements pris sur sa moralité, les invraissemblances de ses déclarations doivent également éclairer le magistrat.

Le juge de paix vérifiera les faits que le prévenu allègue pour sa défense : le défaut de volonté coupable, la maladresse, l'imprudence, les cas d'excuses ; de même qu'il recherchera les faits qui prouveraient le guet-apens et la préméditation.

Il s'assurera si quelqu'autre crime ou délit n'aurait pas précédé, accompagné ou suivi l'homicide.

Si la personne homicidée n'est pas de la commune où son cadavre a été trouvé, il transmettra de suite à l'officier de l'état civil les renseignements qu'il aura pu recueillir, concernant les nom, prénoms, âge, profession, lieu de naissance et domicile de la personne décédée, pour la rédaction de l'acte de décès.

Le juge de paix apposera, s'il y a lieu, les scellés sur les meubles et effets de la personne homicidée : il rédigera en ce cas un procès-verbal distinct dont il sera fait mention au procès-verbal de constat.

66. — *Incendie* (art. 434 à 436, 439, 458 du code pénal).

Le juge de paix constatera le nombre, la nature et la valeur des objets incendiés. Il entendra les propriétaires, les locataires et les voisins.

Il recherchera à quelle heure, dans quel lieu et de quelle façon le feu a commencé ; les causes de l'incendie ; si, par suite de motifs de haine ou de vengeance on peut attribuer le sinistre à la malveillance ; si les objets incendiés étaient couverts par une « assurance », le chiffre de cette assurance ; si, pour en toucher le montant, le propriétaire n'aurait pas mis le feu lui-même ; si l'incendie n'a pas été pratiqué pour faire disparaître les traces d'un autre crime, etc.

L'incendie ne constituerait qu'un simple délit, s'il n'avait été causé que par la vétusté et le défaut d'entretien de la chose louée.

67 — *Infanticide* (art. 300 et 302 du code pénal).

Si le corps de l'enfant est trouvé, le juge de paix décrira l'état et le lieu où il a été découvert. Il recherchera, avec l'aide des hommes de l'art, si l'enfant est né à terme ou avant terme ; si la mort peut être attribuée à une cause naturelle, ou à la négligence, ou à des actes de violence.

Le juge de paix s'informera si quelque femme, soupçonnée d'être enceinte, et ayant des motifs de cacher sa grossesse, n'a pas accouché secrètement.

Si les renseignements recueillis paraissent dignes de foi, il fera visiter la femme désignée par des hommes de l'art, alors même qu'elle avouerait son crime.

Il recherchera et saisira les objets révélateurs, tels que le placenta, les linges et hardes tachés de sang et autres pièces qui pourraient servir d'éléments de preuves.

Si le corps de l'enfant n'est pas représenté, il sera difficile de découvrir la vérité, car la femme a pu présenter tous les indices d'une gestation et d'un accouchement, sans pour cela avoir donné le jour à un enfant.

En ce cas, la déposition des domestiques et voisins qui ont pu entendre les cris de l'enfant, l'interrogatoire de la prévenue et ses explications, les conseils qu'elle aura pu demander pour se faire avorter, les préparatifs qu'elle aurait faits, en vue d'un accouchement, le soin qu'elle aurait mis à cacher sa grossesse, fourniront au juge de paix de nombreux indices qui viendront corroborer les conclusions des hommes de l'art.

Si l'accouchement est certain, le juge de paix recherchera s'il y a eu crime ; il constatera le temps, le lieu et toutes les circonstances de l'accouchement, la moralité et les antécédents de la mère.

L'infanticide ayant pu provenir, soit d'une omission volontaire des soins donnés à l'enfant par la mère, soit de manœuvres violentes, c'est aux hommes de l'art qu'il appartiendra de déterminer les causes qui ont amené la mort de l'enfant.

68. — *Suppression d'enfant ou suppression de part* (art. 345. du code pénal).

Le juge de paix aura les mêmes questions à résoudre que dans le cas *d'exposition d'enfant* (Voir n° 62). Il suivra la même procédure que pour le crime d'infanticide (Voir n° 67).

69. — *Viol et attentat à la pudeur* (art. 331 et suivants du code pénal).

Le juge de paix devra faire procéder aux constata-tations médico-légales, en faisant visiter la victime par des hommes de l'art.

Le rapport du médecin sera, dans ce cas, le document le plus important de l'information.

Si l'auteur du crime est connu, il pourra être visité pour reconnaître qu'il ne porte pas sur sa personne ou sur ses vêtements, les traces de la résistance que la victime a pu lui opposer.

Le juge de paix constatera la présence des taches de sang, de sperme, ou d'écoulement quelconque qui se trouveraient, soit sur les effets de la victime, soit sur ceux du prévenu.

Il confrontera le prévenu et la victime, comparera leur taille et leur force, et en déduira toutes les conséquences logiques.

Il devra se tenir en garde contre des accusations sans fondement, et faites souvent dans un but de chantage. Il aura égard à la moralité de la plaignante et à ses antécédents.

L'attentat à la pudeur, pour être punissable au dessus de treize ans, doit être exercé avec violence, excepté l'attentat à la pudeur commis par tout ascendant sur la personne d'un mineur non émancipé par le mariage. Il arrive fréquemment que sur une plainte de viol, l'information ne peut relever à la charge du prévenu qu'un attentat à la pudeur avec violence, ou même un outrage public à la pudeur, simple délit correctionnel. Le juge de paix doit, en ce cas, dans les différents actes de l'instruction, relever avec soin le caractère de publicité de l'acte délictueux.

70. — *Vols* (art. 379 à 401 du code pénal).

Il faut s'enquérir tout d'abord de la chose volée qui est le corps du délit.

Si elle n'est pas représentée, il faut en faire une

escription exacte et détaillée qui pourra servir à la
ire découvrir.

S'il s'agit d'argent, les sommes seront spécifiées
vec le nombre et la nature des espèces, ainsi que les
.gnes particuliers qui pourraient exister sur les
ièces et les billets.

Le juge de paix s'informera où la chose volée a été
éposée ; comment le vol a été commis ; à quelle
eure ; si c'est par une seule ou plusieurs personnes,
rmées ou non armées ; s'il y a eu des effractions ex-
rieures, escalade, bris de scellés, usage de fausses
efs, violence envers les personnes, etc.

Il vérifiera la légitimité de la possession des recon-
aissances du Mont-de-piété saisies chez le prévenu
u ses complices.

———

§ II. — *De l'interrogatoire.*

71. — L'interrogatoire est une des parties les plus
portantes de la procédure criminelle.

Pour y bien procéder, le juge de paix devra exami-
er la nature de l'affaire et son caractère particulier ;
r la façon d'interroger utilement un prévenu varie
écessairement avec les circonstances.

72. — Le juge de paix aura égard à l'âge, au sexe,
x antécédents, à la position sociale de chaque indi-
idu ; à la nature du délit et des circonstances
ans lesquelles il s'est produit, à la valeur des char-
es qui pèsent sur l'inculpé ; en un mot à tous les
éments qui peuvent modifier la prévention.

73. — Le prévenu doit répondre sans être assisté
'aucun conseil.

74. — Les sourds-muets peuvent être interrogés et répondre par écrit.

S'ils ne savent ni lire ni écrire, ils seront interrogés par un interprète assermenté.

75. — Il en sera de même des étrangers.

76. — S'il y a plusieurs prévenus, chacun d'eux sera interrogé séparément.

77. — L'interrogatoire aura toujours lieu hors de la présence des témoins ; mais il est toujours loisible au magistrat de faire assister à l'interrogatoire les agents de la force publique.

78. — Le juge de paix pourra, soit confronter les prévenus les uns avec les autres, soit avec les plaignants et les témoins.

Il leur représentera, le cas échéant, les pièces de conviction.

79. — Le juge de paix commencera par demander au prévenu ses prénons, nom, âge, profession, domicile et lieu de naissance.

Il l'interpellera au besoin sur ses antécédents.

Ensuite il interrogera sur les faits qui lui sont reprochés, en commençant par des questions générales, pour arriver aux interpellations plus directes. Ainsi il le questionnera tout d'abord sur l'emploi de son temps, avant, pendant et après le délit, il lui demandera s'il a eu connaissance du délit ; comment ; quelles étaient les personnes présentes ; s'il n'a pas tenu tels propos ; quelle est la part qu'il y a prise, etc. Les questions seront claires, sans équivoque, et ne porteront que sur un fait ou une circonstance à la fois.

80. — Si le prévenu nie les faits, le juge de paix lui représentera la gravité des charges qui pèsent sur lui, les témoignages qui l'accusent et les différentes circonstances qui viennent à l'appui de l'inculpation.

Il lui démontrera la fausseté de ses assertions, ainsi que les contradictions dans lesquelles il tombe.

Il lui adressera des représentations circonspectes et le pressera de confesser la vérité.

81. — Le juge de paix observera le maintien du prévenu pendant l'interrogation ; l'émotion qu'il pourrait éprouver : il lui en demandera la cause et en fera mention, s'il y a lieu, dans son procès-verbal.

82. — Si le prévenu avoue, le magistrat consignera son aveu en termes clairs et précis ; mais l'interrogatoire n'en sera pas moins continué et tous les renseignements qui pourraient être utiles pour compléter l'instruction de l'affaire seront recueillis.

83. — Si le prévenu a des complices, la demande lui en sera faite en termes généraux et sans indication des personnes.

84. — Si les complices désignés par le prévenu ne sont pas arrêtés et s'ils sont inconnus, le juge de paix se fera donner, et relatera dans son procès-verbal, le signalement de leurs personnes et de leus vêtements, l'indication des lieux qu'ils fréquentent et des personnes avec lesquelles ils sont en relation.

85. — Si le prévenu refusait de répondre, il en serait fait mention et l'interrogatoire serait suspendu momentanément.

86. — L'interrogatoire peut être répété autant de fois que cela est nécessaire ; il peut être interrompu et être repris selon les circonstances.

87. — Le juge de paix dicte au greffier, en même temps que ses demandes, les réponses du prévenu. Il est préférable de procéder ainsi, plutôt que de dicter d'abord la demande et d'attendre ce que l'inculpé peut répondre.

Les réponses seront reproduites exactement, sans y rien modifier et avec les expressions employées (formules n°ˢ 210 et 211).

88. — Lecture sera donnée au prévenu de son interrogatoire. Il lui sera demandé s'il persiste dans ses réponses. S'il veut y ajouter quelques changements, ils seront transcrits à la suite.

Les mots rayés seront comptés et rejetés ; les renvois approuvés et signés par le prévenu, le juge et le greffier, ainsi que l'interrogatoire lui-même.

Il n'y aura ni surcharge, ni interligne.

Si le prévenu ne pouvait ou ne savait signer, le procès-verbal en ferait mention.

Le juge et le greffier signent également le procès-verbal au bas de chaque page.

S'il y a plusieurs prévenus, l'interrogatoire sera rédigé sur cahiers séparés.

Voir au n°ˢ 50 et 51, ce que devient le prévenu après son interrogatoire.

------

§ III. — *De la réquisition des chefs de maison.*

89. — Les attributions faites au juge de paix, en cas de flagrant délit (voir n°ˢ 3 et suivants) auront lieu aussi toutes les fois que, s'agissant d'un crime ou d'un délit commis dans l'intérieur d'une maison, le chef de cette maison requerra le juge de paix de le constater, que ce crime ou délit soit flagrant ou non (art. 46, 49, Code inst. crim.).

90. — Il faut entendre par chef de maison, celui qui habite la maison dans laquelle le crime ou le délit a été commis.

91. — La réquisition peut être faite verbalement.

92. — Le juge de paix a le droit de pénétrer la nuit dans la maison où le crime ou délit s'est accompli ; mais il ne peut pénétrer que dans le lieu ou le délit a été commis, ou dans le domicile du prévenu et de ses complices, ou encore dans le lieu où les instruments et produits du délit viendraient d'être transportés ; car il y aurait, en ce cas, assimilation au flagrant délit (Voir n° 36).

Si la procédure exigeait d'autres visites, ce serait au juge d'instruction à les opérer, soit directement, soit par délégation.

93. — Le juge de paix devra constater le fait délictueux ; recevoir la déclaration des personnes présentes, ou qu'il croira devoir appeler ; faire arrêter le prévenu contre lequel il y aurait des indices graves, l'interroger ; saisir les pièces à conviction ; dresser un procès-verbal de constat dans lequel il relatera la réquisition qui lui aura été adressée ; procéder, en un mot, comme en cas de flagrant délit (Voir les n°s 1 et suivants.)

---

§ IV. — *Informations sur délégation du parquet. Crimes et délits non flagrants.*

94. — Outre les attributions de magistrat instructeur qui lui sont conférées par la loi, en cas de flagrant délit et de réquisition de chef de maison, le juge de paix peut être appelé à procéder, comme auxiliaire du procureur de la République, aux enquêtes et informations préliminaires nécessitées par les plaintes, les dénonciations, procès-verbaux de gendarmerie, etc. Mais il ne peut recevoir de réquisition que

du procureur de la République de son arrondissement,
ou du procureur général du ressort.

Le parquet, au lieu de saisir immédiatement le
juge d'instruction, procède souvent à une information
préalable, ce qui lui permet de citer directement le
prévenu à l'audience correctionnelle, ou bien, selon le
cas, de s'abstenir de toute poursuite.

95. — Le juge de paix, lorsque le procureur de la
République lui envoie les plaintes, dénonciations,
procès-verbaux aux fins d'enquête, fait appeler les
personnes qu'il juge utile d'entendre, au moyen d'un
simple avertissement (formule n° 220).

Cet avertissement est envoyé au maire de la commune où est domicilié le témoin, et le maire le fait par-
venir par le garde-champêtre ou l'appariteur de la
mairie.

96. — Si la personne ainsi convoquée ne comparaît pas, elle n'encourt aucune pénalité : le juge de
paix doit se borner à faire mention du défaut dans la
lettre de renvoi au procureur de la République.

97. — Lorsque le juge de paix sera ainsi chargé de
procéder à une enquête sur délégation du parquet, il
recueillera tous les renseignements qui pourraient
être utiles à la manifestation de la vérité, et les com-
muniquera au procureur de la République en lui faisant telles observations que la nature de l'affaire et les
circonstances peuvent comporter.

98. — Les lettres d'avis et de renseignements,
qu'adresse le juge de paix au procureur de la République, doivent être spéciales, c'est-à-dire qu'il faut
éviter de confondre dans une même lettre des men-
tions se rapportant à des affaires différentes.

99. — Les formalités pour la rédaction des procès-verbaux d'information sur délégation du parquet, sont les mêmes que pour information sur commission rogatoire du juge d'instruction (n⁰ˢ 163 et suivants), sauf qu'il n'y a pas lieu à citation par voie d'huissier, ni à indemnité pour les témoins entendus.

100. — Lorsque le juge de paix est averti qu'un crime non flagrant, ou un délit correctionnel, flagrant ou non, a été commis dans son ressort, il doit en donner immédiatement avis au procureur de la République. Mais il ne peut en ce cas (sauf lorsqu'il est requis par un chef de maison, n⁰ 89) faire aucun acte d'instruction.

Cependant, s'il y avait urgence et impossibilité d'obtenir à temps une délégation du juge d'instruction, nous pensons que le juge de paix aurait le droit de procéder à l'information préliminaire, comme en cas de flagrant délit. Mais il agira prudemment en s'abstenant de toute visite domiciliaire. Il ne pourra en tous cas décerner de mandat d'aucune sorte.

101. — Si le prévenu était un repris de justice, un vagabond, ou un homme mal famé, il y aurait lieu de le faire saisir par la gendarmerie et de le faire conduire devant le procureur de la République.

102. — Lorsque la gendarmerie amènera devant le juge de paix des mendiants, vagabonds ou gens sans aveu, le juge de paix les interrogera sommairement et, selon les cas, les fera remettre en liberté ou conduire devant le procureur de la République (formule n⁰ 206).

103. — Il en sera de même des gens arrêtés en flagrant délit de chasse, lorsqu'ils sont déguisés ou masqués, lorsqu'il n'ont pas de domicile, ou lorsqu'ils refusent de faire connaître leur nom. (art. 25 de la loi du 3 mai 1844).

§ V. — *Des levées de corps.*

104. — Toutes les fois qu'il s'agit d'une *mort vio-
lente*, ou dont la *cause est inconnue ou suspecte*, le juge
de paix doit se transporter immédiatement sur les
lieux pour effectuer la levée du corps, en se faisant
assister d'un ou de deux médecins ou officiers de
santé. (Formule n° 205 ; et pour indemnité allouée,
en cas de transport, au juge de paix et au greffier,
voir n°s 146 et suivants). (Art. 44 Code inst. crim.).

105. — Si la mort est due à un accident, à un effet
du hasard, ou à un suicide *certain*, il n'y a pas lieu à
transport : la constatation de ces faits étant du ressort de la police administrative.

106. — La mort aura pu être occasionnée par un
accident interne, ou par un accident externe, ou par
un suicide, ou par un crime.

L'autopsie sera presque toujours nécessaire. Le
juge de paix y assistera ainsi qu'à toutes les constatations médico-légales auxquelles pourront se livrer
les hommes de l'art.

107. — Le juge de paix doit s'efforcer tout d'abord
d'établir l'identité de la personne trouvée morte. Il
interrogera les parents, les amis, les voisins du défunt sur les causes de la mort et les circonstances qui
l'ont accompagnée.

Il s'enquerra du caractère de la personne, de ses
habitudes, de ses goûts ; si elle était atteinte d'une
maladie incurable ; si elle avait éprouvé de grands
chagrins, des revers de fortune ; si elle jouissait de
toutes ses facultés. Il recherchera si elle a laissé un

écrit dans lequel elle ferait part de sa résolution de se suicider.

Les observations et remarques que le magistrat pourra déduire de tous ces faits, viendront compléter et corroborer les constatations médico-légales des experts.

108. — Si l'individu trouvé mort ne peut être reconnu, son signalement sera pris exactement ; sa taille mesurée ; les marques extérieures propres à le faire reconnaître seront mentionnées, ainsi que la couleur et l'épaisseur de ses cheveux, son sexe, son âge, ses vêtements et les papiers qu'il avait sur lui.

Le juge de paix examinera le lieu où le cadavre a été trouvé, et les alentours ; il remarquera s'il est à proximité d'un endroit habité, s'il y a des traces de sang et empreintes quelconques sur le sol.

Il notera l'heure où le cadavre a été découvert ; la position dans laquelle il était placé ; son état de putréfaction plus ou moins avancé, ce qui permettra de déterminer le temps qui s'est écoulé depuis la mort ; l'instrument meurtrier qui était près de lui, et dans le cas où cet instrument était dans l'une des mains du cadavre, s'il a été saisi par la personne elle-même, ou bien s'il a été placé après la mort par une main étrangère. La contraction plus ou moins forte des doigts sur le corps vulnérant, aidera le magistrat à éclaircir ce point.

109. — Si le cadavre était celui d'une femme, il faudrait en outre rechercher, par l'examen des organes génitaux, si la mort n'est pas survenue à la suite d'un avortement, d'un accouchement ou d'un viol.

110. — S'il s'agit du cadavre d'un nouveau-né inconnu, on recherchera également quelles ont été les causes de la mort, et les investigations du magistrat devront surtout avoir pour but de découvrir quelle peut être la mère de l'enfant.

111. — Le juge de paix fera transporter le cadavre dans le local le plus propice, et, après que le médecin aura procédé aux constatations médico-légales, et consigné dans un rapport spécial les résultats de son examen, on rassemblera toutes les parties du corps qui seront replacées dans leur situation première, puis enveloppées dans un drap qui sera cousu et sur lequel le juge de paix apposera son sceau.

112. — Le juge de paix dressera un procès-verbal de toutes les opérations auxquelles il aura procédé, de tout ce qu'il aura remarqué et appris. Il y mentionnera la commission donnée aux experts, leur prestation de serment, la saisie des pièces de conviction.

113. — Le rapport des hommes de l'art, qui devra être détaillé et motivé, sera annexé au procès-verbal du magistrat qui sera signé à chaque page par le juge, le greffier et les experts, et en outre par le maire ou l'adjoint de la commune, s'ils sont présents.

114. — Pour les renseignements à transmettre à l'officier de l'état civil chargé de rédiger l'acte de décès, et l'apposition des scellés, s'il y a lieu, voir les nᵒˢ 65, *in fine*.

115. — Voici quelques remarques particulières auxquelles les différents genres de mort peuvent donner lieu, et qui aideront le juge de paix dans ses investigations.

De l'asphyxie par submersion.

L'individu qu'on a trouvé noyé était-il vivant au moment de son immersion ?

C'est à l'homme de l'art qu'il appartient surtout de résoudre cette question.

L'individu qui était vivant lorsqu'il a été submergé, est-il tombé dans l'eau par accident ? s'y est-il précipité ? ou y a-t-il été jeté ?

Il appartient au juge de paix, en ce cas, de suppléer à l'inefficacité des moyens dont peut disposer la science, par les observations et les recherches auxquelles il se livrera.

Il examinera la nature du lieu où le corps a été trouvé, les bords de la rivière, leur escarpement, le lit, le courant, la situation des lieux environnants, leur éloignement de tout endroit habité. Il s'informera si l'individu savait nager ; pourquoi il se trouvait en cet endroit ; s'il avait la vue courte ; s'il était sujet à des vertiges ; s'il avait des raisons pour désirer la mort, par suite de chagrins, de maladie, d'hypocondrie, de revers de fortune, etc., etc. Il pourra ainsi conclure, avec l'aide de l'homme de l'art qui aura examiné le cadavre, à un crime, à un accident ou à un suicide.

116. — *De l'asphyxie par suspension ou par strangulation.*

L'individu trouvé suspendu ou étranglé a-t-il été mis en cet état avant ou après sa mort ?

C'est encore une question que l'expert aura à résoudre avec l'aide du magistrat qui examinera les lieux et se pénétrera des circonstances qui ont pu précéder ou accompagner la mort.

Y a-t-il eu suicide ou homicide ?

L'examen du cadavre et des liens ; la position et la profondeur des sillons tracés ; le désordre de l'appartement, des vêtements de l'individu ; d'autre part les présomptions morales qui pourraient expliquer le suicide, contribueront à la découverte de la vérité.

117. — *Des blessures ayant occasionné la mort.*

La mort est-elle le résultat d'un meurtre, d'un suicide ou d'un accident?

Cete question pourra encore être résolue par l'examen du cadavre et par les différentes considérations sur les habitudes, le caractère et le passé de l'individu.

La situation des blessures, leur nature, leur nombre, leur profondeur, leur direction ; l'examen de l'arme, de la bourre, si c'est une arme à feu, aideront à déterminer s'il y a eu suicide ou homicide.

---

§ VI. — *Des dénonciations et des plaintes.*

118. — Le juge de paix, comme officier de police judiciaire, est appelé à recevoir les dénonciations et les plaintes volontaires et spontanées (formule n° 221) concernant les crimes et délits commis dans son ressort, sans préjudice des dénonciations officielles que doit faire tout fonctionnaire ou officier public qui, dans l'exercice de ses fonctions, aurait acquis la connaisance d'un fait délictueux, (art. 29, 30, 48, Code Inst. crim.)

119. — L'obligation que la loi lui impose de recevoir les dénonciations et plaintes est impérative, à moins que le fait qu'on lui dénonce, ou dont on se plaint, ne constitue ni crime ni délit.

120. — Celui qui veut porter une dénonciation privée, peut se faire remplacer par un fondé de procuration spéciale, laquelle désignera le fait dénoncé, ses circonstances, ainsi que le nom de l'auteur, si toutefois la dénonciation doit l'indiquer (art. **31**, Code inst., crim.)

Une procuration sous seing privé dont la signature serait légalisée est suffisante.

121. — La procuration restera annexée à la dénonciation; elle sera signée et paraphée « *ne varietur* » par le juge de paix et la partie.

122. — Le dénonciateur, ou son fondé de pouvoirs, peut remettre la dénonciation toute rédigée au juge de paix, ou la diriger sous les yeux de ce magistrat, ou bien requérir ce dernier de la rédiger. L'assistance du greffier est inutile en pareil cas.

123. — Si la dénonciation lui est transmise toute rédigée, le juge de paix dressera à la suite un procès-verbal de remise (formule n° 222).

124. — La dénonciation doit énoncer avec précision tous les renseignements recueillis par la partie sur le fait et ses circonstances, sur les moyens employés, le lieu, le moment; les nom, prénoms, profession et demeure des personnes lésées, des prévenus et des témoins.

125. — Si l'auteur du crime ou du délit est inconnu, on devra donner le signalement exact de sa personne et mentionner tous les détails qui peuvent amener sa découverte.

126. — Le procès-verbal doit désigner les pièces à conviction que le dénonciateur déposerait.

127. — S'il s'agit d'un crime de faux, le juge de paix et le dénonciateur signeront et parapheront à toutes les pages les pièces arguées de faux, ainsi que les pièces de comparaison qui pourraient être déposées.

Si la personne ne sait, ou ne peut signer, mention en sera faite.

128. — La dénonciation sera signée à chaque page par le juge de paix, le dénonciateur, ou son fondé de pouvoirs. S'ils ne peuvent ou ne veulent signer, le procès-verbal le constatera.

Les mots rayés et les renvois seront approuvés. Il n'y aura aucune interligne.

Les dénonciations seront rédigées sur papier libre.

129. — Le dénonciateur, ou son fondé de pouvoirs, peut se faire délivrer, *à ses frais*, une copie de la dénonciation (art. 31, Code inst. crim.).

130. — Le dénonciateur n'est pas admis à se désister.

131. — La dénonciation et les pièces y annexées sont immédiatement transmises au procureur de la République (art. 53, Code inst. crim.).

132. — Pour être admis à porter plainte, il faut que le délit ait causé au plaignant un préjudice, soit dans sa personne, soit dans ses biens. Il en serait de même, si le préjudice avait été causé à des personnes à la sûreté desquelles il aurait le devoir de s'intéresser (art. 63, Code inst. crim.).

133. — Il faut que la personne qui porte plainte soit capable d'exercer ses droits.

134. — Le juge de paix ne peut refuser de recevoir une plainte, alors surtout que le plaignant déclare se porter partie civile.

135. — On peut porter plainte par soi-même ou par un fondé de procuration spéciale.

136. — Les plaignants peuvent se porter partie civile, mais ils ne seront réputés l'avoir fait, que s'ils le déclarent formellement, soit par la plainte, soit par un acte subséquent, et s'ils ne prennent dans l'un ou l'autre cas, des conclusions à fin de dommages intérêts (art. 66. Code inst. crim.).

137. — Le juge de paix n'a pas à engager les plaignants à se porter partie civile. Il doit se borner à constater les intentions qui lui sont manifestées, et à faire connaître au plaignant, dans le cas où il l'ignorerait, le droit qu'il possède de se porter partie civile, en tout état de cause, ou de poursuivre directement le prévenu, lorsqu'il s'agit d'un délit correctionnel (art. 64. Code inst. crim. *in fine*).

138. — Il doit lui faire également connaître l'obligation imposée à la partie civile qui ne réside pas dans la commune où siège le tribunal dans le ressort duquel se fait l'instruction, d'y faire élection de domicile par acte passé au greffe : sans quoi, elle ne pourrait pas opposer le défaut de signification des actes qui aurait dû lui être faite aux termes de la loi (art. 68. code inst. crim.).

139. — Les formalités exigées pour la réception et la rédaction des dénonciations et de la procuration, s'il y a lieu, sont communes aux plaintes. (Voir nos 120 et suivants.)

Mais si le plaignant déclare se porter partie civile, la plainte devra être reçue sur papier timbré et elle sera enregistrée.

140. — Le plaignant qui se porte partie civile, est tenu de consigner, sauf en matière de crimes, une somme suffisante pour faire face aux frais du procès, à moins qu'il ne justifie de son indigence (art. 157 et suivants du décret du 18 juin 1811 ; et 420, Code inst. crim.).

141. — Le plaignant peut se départir dans les 24 heures, et il ne sera pas tenu des frais, depuis que le désistement aura été signifié à la personne contre laquelle la plainte a été portée, sans préjudice cependant des dommages et intérêts que le prévenu pourrait lui réclamer. (art. 66. même Code).

Le juge de paix reçoit le désistement du plaignant, lorsqu'il est préparé, ou bien le rédige dans le cas contraire, avec les mêmes formalités que pour la réception ou la rédaction de la plainte.

§ VII. — *Détention illégale.*

142. — Le juge de paix, lorsqu'il apprend qu'un individu est détenu dans un lieu qui n'a pas été destiné à servir de maison d'arrêt, de justice ou de prison, est tenu de s'y transporter immédiatement, même d'office, sous peine d'être poursuivi comme complice de détention arbitraire (art. 616, Code inst. crim.).

143. — Il fera mettre en liberté la personne détenue, à moins qu'il ne soit allégué quelque cause légale de détention ; en ce cas, il devra la faire conduire, sur-le-champ, devant le procureur de la République.

Il devra, en tous cas, dresser procès-verbal de son transport, des constatations qu'il a faites, et des mesures qu'il a prescrites.

144. — Si besoin est, le juge de paix délivrera un mandat d'amener. En cas de résistance, il pourra se faire assister de la force nécessaire, et toute personne requise sera tenue de lui prêter main-forte.

145. — Il pourra exiger du gardien de la maison d'arrêt, de justice ou de la prison, l'exhibition de ses

registres et en prendre telle copie qu'il croira nécessaire (art. 618 Code inst. crim.).

---

§ VIII. — *Paiement des frais de justice.*

146. — Lorsque le juge de paix, agissant comme
officier de police judiciaire, se transporte à plus de
cinq kilomètres de sa résidence, qu'il sorte ou non de
la ville où il habite, il reçoit pour tous frais de voyage,
de nourriture et de séjour, *neuf francs par jour* (art.
88 du décret du 18 juin 1811).

S'il se transporte à plus de vingt kilomètres, l'indemnité et de *douze francs par jour.*

147. — L'indemnité du greffier est, dans le premier cas, de *six francs par jour* et dans le second cas,
de *huit francs par jour* (art. 89 même décret).

148. — Ces frais, réputés non urgents, sont paya-
bles sur mémoire des parties prenantes, et non sur
simple taxe, comme les frais réputés urgents. L'état
des frais dus au juge de paix et au greffier est dressé
collectivement en double expédition ; l'une, sur papier
libre, pour le ministère de la justice ; l'autre, sur
timbre pour le receveur de l'enregistrement (formule
n° 218) (art. 133 du décret du 18 juin 1811 et art. 2 et
3 du décret du 28 novembre 1838).

Les mémoires sont datés et signés ; ils peuvent
comprendre plusieurs transports.

149. — Si le juge de paix et le greffier ne rédi-
geaient pas collectivement leur mémoire, il faudrait
indiquer que l'un d'eux a renoncé à la taxe, ou qu'il a
été payé séparément.

150. — Le mémoire doit être accompagné d'un

extrait du procès-verbal, indiquant l'objet du transport, et les opérations faites. Il doit mentionner, en cas de levées de corps résultant de *suicide ou accident*, que la cause de la mort étant *inconnue et suspecte au moment du transport* (Voir n° 105).

151. — Le mémoire est déposé au parquet pour que le procureur de la République puisse en requérir, et le président du tribunal ou le juge d'instruction en délivrer l'exécutoire ; après quoi le montant en est acquité par le receveur d'enregistrement.

152. — Les indemnités doivent être réclamées dans l'année du transport, à peine de déchéance (art. 5 de l'ordonnance du 28 novembre 1838).

153. — Les frais et honoraires des médecins, chirurgiens et experts sont également acquittés sur mémoire (n° 148), sauf cependant pour les fournitures qu'ils auraient faites pendant leurs opérations, et qui, étant considérées comme frais urgents, seront payés sur simple mandat du juge de paix mis au bas du mémoire.

154. — Il en est de même pour les rétributions dues aux manouvriers, gens de peine et artisans requis par le juge de paix, et pour les frais de transport des prévenus et des pièces à conviction opéré par les particuliers : ces frais sont réputés urgents.

155. — Lorsqu'un témoin se trouve hors d'état de fournir aux frais de son déplacement, il peut lui être délivré par le juge de paix un mandat provisoire, à compte sur l'indemnité qu'il pourra toucher et payable chez le receveur d'enregistrement (formule n° 217).

II

LE JUGE DE PAIX DÉLÉGUÉ DU JUGE D'INSTRUCTION

———

§ I. — *Observations générales.*

156. — Le droit de délégation tient aux règles générales de la procédure criminelle : le juge d'instruction peut en user pour tous les actes de sa compétence, sauf pour les mandats d'amener, de dépôt et d'arrêt.

157. — Le juge de paix ne peut être commis *directement* que par le juge d'instruction de son arrondissement, ou par le conseiller délégué de la chambre d'accusation du ressort, ou par les présidents des Cours d'assises (art. 283 et 303 Code inst. crim.)

158. — Le juge de paix doit exécuter sans aucun retard les commissions rogatoires qui lui sont adressées. Avant de les mettre à exécution, il doit s'en bien pénétrer, examiner attentivement les pièces et documents qui peuvent y être joints, afin qu'aucun des faits et circonstances sur lesquels il est appelé à faire la lumière, ne puisse lui échapper.

159. — Les procès-verbaux dressés en vertu d'une commission rogatoire doivent contenir, outre leur date, les nom et prénoms du juge et du greffier, la qualité en laquelle le juge de paix procède, ainsi que la date de la commission.

160. — En toute matière, le procès-verbal du juge de paix devra répondre très-exactement aux éclaircissements réclamés par la commission rogatoire.

161. — Si la commission rogatoire est conçue en termes vagues, comme « *mission d'informer* » ou « *faire ce qui sera nécessaire* », le juge de paix fera bien d'agir avec la plus grande réserve, se bornant d'entendre les témoins. Pour le surplus, il en référera au juge d'instruction.

162. — Le juge de paix, aussitôt que la commission rogatoire aura été remplie, devra la retourner, close et cachetée, au juge d'instruction qui l'aura délivrée, avec la procédure qui en aura été la suite.

Chaque affaire devra être l'objet d'un envoi spécial.

§ II. — *De l'audition des témoins.*

163. — De toutes les commissions rogatoires, celle qui a pour but d'entendre des témoins est la plus fréquente.

Le Juge de Paix commencera par signer une ordonnance appelée *cédule*, relatant la commission rogatoire d'où émanent ses pouvoirs, contenant les nom, prénoms, âge, profession et domicile des personnes qui doivent être entendues ; le jour, l'heure et le lieu où elles doivent comparaître (art. 71 du Code d'inst. crim.).

La cédule ne doit contenir aucune énonciation sur la nature du délit et le nom de l'inculpé.

164. — Elle est remise à l'huissier de service qui citera les témoins (art. 72 même code).

165. — Il arrive souvent que le Juge d'Instruction, au lieu de désigner les personnes qui doivent être entendues, délègue simplement le Juge de Paix, pour interroger « *tous témoins utiles* ».

Il appartient, en ce cas, au Juge de Paix, de faire citer devant lui tous les témoins qui pourraient aider à la manifestation de la vérité, non seulement ceux que les procès-verbaux et les actes de la procédure pourraient faire connaître, mais encore ceux qui lui auraient été révélés au cours de l'information, soit spontanément par les personnes entendues, soit par les déclarations qu'il aurait provoquées, mais à la condition que ces témoins soient domiciliés dans le canton.

166. — Le Juge de Paix pourra entendre les ascendants et descendants de la personne prévenue, ses frères, et sœurs, ses alliés au même degré, le mari ou la femme, personnes qui ne peuvent pas être entendues dans l'instruction orale. (Arrêt de cassation du 1er décembre 1869).

167. — Sont dispensés de rendre témoignage, les prêtres, à l'égard des faits qu'ils ont appris par la confession sacramentelle; les médecins et chirurgiens, officiers de santé, pharmaciens, sages-femmes et toutes autres personnes dépositaires, par état ou profession, des secrets qu'on leur confie ; les avocats et les avoués pour les faits que leurs clients leur ont appris confidentiellement.

168. — Il faut, autant que possible, que le jour de la comparution des témoins ne soit pas très éloigné de la date de la citation.

Les témoins seront entendus de préférence le matin, afin que leur journée ne soit pas complètement perdue pour eux.

Mais le Juge de Paix, en fixant la date de la comparution, devra tenir compte de la distance et de la difficulté des communications.

169. — Les témoins doivent comparaître au jour fixé.

Si le témoin ne comparaît pas, il en est fait mention dans le procès-verbal. Mais il n'appartient pas au Juge de Paix d'infliger l'amende prévue par l'art. 80 du code d'inst. crim. Au juge d'instruction seul appartient ce droit.

170. — Si le témoin assigné est absent ou malade, (en cas de maladie, il faut qu'un médecin certifie l'impossibilité de comparaître), il sera, dans le premier cas, réassigné en vertu d'une nouvelle cédule, et dans le second cas, le Juge de Paix devra se rendre au domicile du témoin, pour recevoir sa déposition (art. 83, code inst. crim.).

171. — Si, dans ce cas, le témoin n'était pas réellement indisposé, le Juge de Paix le constaterait dans son procès-verbal, et le Juge d'Instruction pourrait décerner tant contre le témoin que contre l'officier de santé qui aurait délivré le faux certificat, le mandat de dépôt dont parle l'art. 86 du code d'inst. crim.

172. — Il en serait de même dans le cas où le Juge de Paix serait commis spécialement pour suppléer le Juge d'Instruction, afin de recevoir la déposition d'un témoin habitant hors du canton (même article).

173. — Les témoins sont entendus séparément les uns des autres, et hors de la présence du prévenu, (art. 73 même Code).

Le Juge de Paix est assisté de son greffier ; si ce dernier était dans l'impossibilité de s'acquitter des devoirs de sa charge, il serait remplacé par une personne âgée de 25 ans qui, au préalable, prêterait serment de bien et fidèlement remplir ses fonctions.

174. — Les témoins, après avoir présenté la copie de leur assignation, formalité qui doit être mentionnée dans le procès-verbal, prêtent serment de dire *toute la vérité, rien que la vérité*, conformément aux rites de la religion qu'ils professent (art. 74, 75 même Code).

175. — Le témoin qui refuse de prêter serment ou de déposer est assimilé au témoin qui ne comparaît pas (n° 169).

176. — Les enfants de l'un et de l'autre sexe, au dessous de l'âge de 15 ans, ne prêtent pas serment. Ils sont entendus par forme de déclaration, ainsi que les sourds-muets qui ne savent pas écrire (art. 79 même Code).

177. — Sont également entendues sans prestation de serment et à titre de simples renseignements : les personnes condamnées à la peine des travaux forcés, du bannissement, de la réclusion ou de la dégradation civique, à moins qu'elles ne soient réhabilitées ; ainsi que les personnes qui auraient été condamnées pour calomnie, larcin, escroquerie, abus de blanc-seing, tenue de maison de jeu, si elles ont été par le jugement privées du droit de témoigner en justice.

178. — Le Juge de Paix demandera aux témoins leur nom, prénoms, âge, profession et demeure ; s'ils sont domestiques, parents ou alliés des parties ; à quel degré. Le procès-verbal devra contenir la mention des demandes et des réponses. (Art. 75 même Code).

S'il y avait partie civile en cause, il faudrait le faire savoir aux témoins, pour qu'ils puissent se conformer au vœu de la loi.

179. — Par le mot *domestiques*, il faut entendre, non seulement les domestiques proprement dits, mais encore les personnes occupant des emplois, telles que précepteurs, secrétaires, etc.

180. — Après ces questions générales le Juge de Paix invitera le témoin à déposer sur le fait mentionné dans la commission rogatoire.

Le témoin racontera ce qu'il a vu, ce qu'il a entendu, ce qu'il a ouï dire vaguement, ou par une personne déterminée.

181. — L'information doit avoir lieu à charge et à décharge.

182. — Le témoin doit déposer de vive voix, mais il peut consulter des notes.

183. — S'il y a un point sur lequel le témoin ne s'est pas suffisamment expliqué, et qu'il importe d'éclaircir, le juge de paix interpellera le témoin.

Il le fera également s'expliquer sur les circonstances qui peuvent aggraver ou atténuer le fait, mais il aura soin de les lui faire qualifier dans son langage ordinaire.

Il relèvera la contradiction qui pourrait exister entre sa déposition et celle d'autres témoins, et la réalité des faits qui auraient été vérifiés.

184. — Il lui représentera les pièces à conviction. Il pourra le confronter avec le prévenu ou avec d'autres témoins.

185. — Le témoin qui a été entendu pourra être rappelé, si la déposition des personnes venues après lui fait présumer qu'il doit connaître certaines particularités sur lesquelles il serait utile de l'interpeller.

186. — La déposition doit être écrite devant le

témoin ; elle sera énoncée en termes clairs, précis, non équivoques.

Chaque fois qu'un témoin déposera d'un fait différent et d'une particularité nouvelle du même fait, on renverra à la ligne.

187. — Le juge de paix devra se servir, autant que possible, des expressions et tours de phrases que le témoin aurait employées.

188. — Les dépositions seront écrites sur des feuilles séparées ; elles seront signées au bas de chaque page par le juge, le greffier, le témoin, après que lecture en aura été faite et que le témoin aura déclaré y persister. (Art. 76 Code inst. crim.)

Si le témoin ne peut ou ne veut signer, il en sera fait mention au procès-verbal.

Les ratures et les renvois seront comptés, approuvés et signés par le juge, le greffier et le témoin. Aucune interligne ni surchage ne pourra être faite. (Art 78, même Code).

189. — Si après la lecture, le témoin a quelques additions à faire, elles seront ajoutées à la suite du procès-verbal.

Le greffier établiera en tête et en marge de chaque déposition la date, le nom du témoin et la nature de l'affaire.

190. — Le témoin sera taxé (voir n° 193) et le procès-verbal contiendra la mention qu'il aura requis la taxe. (Art. 82, même Code.)

Les indemnités dues aux témoins sont considérées comme frais urgents et acquittées sur simple taxe du juge de paix, par le receveur d'enregistrement.

191. — La taxe s'inscrit au bas de la copie de la citation. Elle contient les nom, prénoms et profession du témoin, la nature de l'affaire, l'article de la loi en vertu duquel la taxe est faite les sommes allouées au témoin, écrites en toutes lettres, l'indication s'il y a partie civile en cause, ou si elle a justifié de son indigence et si le témoin sait signer ou non. (Formule n° 215.)

192.— Si le témoin avait égaré sa copie de citation le juge de paix ferait une taxe spéciale et séparée qui contiendrait mention de la perte de la copie. (Formule n° 216.)

193 TAXE DES TÉMOINS

(Décrets des 18 juin 1811 et 7 avril 1813.)

ARTICLES du décret du		NATURE DE CHAQUE TAXE et DÉSIGNATION DES TÉMOINS.	MONTANT DES TAXES		
18 juin 1811.	7 avril 1813.		à Paris.	dans les villes de 40,000 âmes et au-dessus.	dans les autres villes et communes.
			F. C.	F. C.	F. C.
		I. Taxe ordinaire.			
		(Lorsque le témoin n'est pas domicilié à plus de 10 kilomètres du lieu où il est entendu.)			
		Pour chaque journée que le témoin aura été détourné de son travail ou de ses affaires :			
27		1° Témoin du sexe masculin au-dessus de l'âge de 15 ans	2 »	1 50	1 »
25	3	Les médecins, chirurgiens, experts, interprètes, gardes champêtres et forestiers, gendarmes, entendus comme témoins, seront taxés comme les autres témoins,			
28		2° Témoin du sexe féminin au-dessus de l'âge de 15 ans	1 25	1 »	» 75
25		Les sages-femmes, entendues comme témoins, seront taxées comme les autres témoins.			
28		3° Enfants de l'un et l'autre sexe au-dessous de l'âge de 15 ans. . .	1 25	1 »	» 75
		II. Indemnité de transport.			
		(Lorsque le témoin de l'un et l'autre sexe se transporte à plus de 10 kilomètres de son domicile.)			
		Par chaque myriamètre parcouru en allant et en revenant.			
	2	1° Si le témoin ne sort pas de son arrondissement.	1 »	1 »	1 »
	2	2° S'il sort de son arrondissement	1 50	1 50	1 50
97		L'indemnité est double dans les deux cas si le témoin est un en-			

ARTICLES du décret du		NATURE DE CHAQUE TAXE et DÉSIGNATION DES TÉMOINS.	MONTANT DES TAXES		
18 juin 1811.	7 avril 1813.		à Paris.	dans les villes de 40,000 âmes et au-dessus.	dans les autres villes et communes.
			F. C.	F. C.	F. C.
25	3	fant mâle au-dessous de 15 ans, ou une fille au-dessous de 21 ans, lorsqu'il est accompagné de ses père, mère, tuteur ou curateur. Les médecins, chirurgiens, experts, sages-femmes, interprètes, gardes champêtres et forestiers, gendarmes, entendus comme témoins, reçoivent l'indemnité de transport allouée aux autres témoins.			
92	2	La taxe ordinaire et l'indemnité de transport ne se cumulent jamais. L'indemnité est réglée par myriamètre et demi-myriamètre. Les fractions de 8 ou 9 kilomètres sont comptées pour un myriamètre et celles de 3 à 7 kilomètres pour un demi-myriamètre. Le calcul doit se faire sur tous les kilomètres réunis, *tant de l'aller que du retour.*			
		III. TAXE DE SÉJOUR FORCÉ.			
95		1° Lorsque le témoin de l'un ou l'autre sexe sera arrêté dans le cours de son voyage par force majeure. Pour chaque jour de séjour forcé.	1 50	1 50	1 50
96		2° Lorsque le témoin de l'un ou l'autre sexe sera obligé de prolonger son séjour dans la ville où se fait l'instruction. Par chaque jour de séjour forcé.	3 »	2 »	1 50
97		L'indemnité est double dans les deux cas si le témoin est un enfant mâle au-dessous de 15 ans, ou une fille au dessous de 21 ans, lors-			

ARTICLES du décret du		NATURE DE CHAQUE TAXE et DÉSIGNATION DES TÉMOINS.	MONTANT DES TAXES		
18 juin 1881.	7 avril 1813.		à Paris.	dans les villes de 40,000 âmes et au-dessus.	dans les autres villes et communes.
			F. C.	F. C.	F. C.
25	3	qu'il est accompagné de ses père, mère, tuteur ou curateur. Les médecins, chirurgiens, experts, sages-femmes, interprètes, gardes-champêtres et forestiers, gendarmes, entendus comme témoins, seront taxés comme les autres témoins.			
30	2	La taxe ordinaire et la taxe de séjour forcé ne se cumulent jamais.			
		IV. TAXE DES MILITAIRES EN ACTIVITÉ DE SERVICE.			
31 et 96		Ils n'ont droit qu'à une indemnité pour chaque jour de séjour forcé hors de leur garnison ou cantonnement, savoir :			
		Les officiers de tout grade . . .	3 »	2 »	1 50
		Les sous-officiers et soldats. . .	1 50	1 »	0 75

---

§ III.— *Commission rogatoire pour interroger un prévenu.*

194. — Le juge d'instruction peut déléguer le juge de paix pour interroger un prévenu et pour décerner contre lui un mandat de comparution. (Formule n° 207.)

195. — Le mandat de comparution indiquera les nom, prénoms, âge, profession et domicile du prévenu, ainsi que toutes autres indications qui pourraient le faire reconnaître.

Il mentionnera le jour, l'heure et le lieu où le prévenu devra comparaître devant le juge de paix qui devra avoir égard, pour fixer le délai de comparution, à l'éloignement des lieux et à l'âge des personnes.

Le mandat de comparution sera signé par le juge de paix et muni de son sceau.

196. — Il sera notifié par un huissier qui en laissera copie au prévenu.

197. — Il peut arriver que la commission rogatoire adressée au juge de paix pour interroger un prévenu, ne fasse pas mention du mandat de comparution. Dans ce cas, le juge de paix fera citer le prévenu par un simple exploit d'huissier, comme s'il s'agissait d'un témoin.

198. — Le juge de paix doit non-seulement interroger le prévenu sur les faits énoncés dans la commission rogatoire, mais encore sur les faits et circonstances qni pourraient résulter des procès-verbaux et pièces qui y sont annexées, ainsi que sur ceux qui seraient révélés au cours de l'interrogatoire.

Il doit, en un mot, se mettre aux lieu et place du juge d'instruction et se pénétrer plutôt de l'esprit, que de la lettre de la commission rogatoire qui lui a été donnée.

199. — Pour la forme de l'interrogatoire et la rédaction du procès-verbal, voir numéros 71 et suivants, et formule n° 211.

200. — En ce qui concerne les visites domiciliaires, voir numéros 35 à 45.

201. — Pour les saisies de pièces, voir numéros 32, 33, 34, 49.

§ IV. — *Franchise postale.*

202. — D'après le tableau annexé à l'ordonnance du 17 novembre 1844, sur la franchise postale, les juges de paix peuvent correspondre en franchise avec :

Les commissaires de police cantonaux et départementaux dans le canton et l'arrondissement, les commandants des brigades de gendarmerie dans le canton ;

Les conservateurs des forêts et les gardes généraux, les inspecteurs et sous-inspecteurs des forêts dans la conservation forestière ;

Les inspecteurs, les recteurs et vice-recteurs d'académie, dans le département ;

Les inspecteurs des postes dans le département ;

Les juges d'instruction dans toute la France ;

Les juges de paix dans le ressort de la cour ;

Les maires dans l'arrondissement ;

Les préfets dans le département ;

Les premiers présidents dans le ressort de la cour ;

Les présidents d'assises dans le département où se tiennent les assises ;

Les présidents des tribunaux de commerce dans l'arrondissement ;

Les procureurs généraux, les procureurs de la République dans toute la France ;

Les sous-préfets dans l'arrondissement ;

Les vérificateurs des poids et mesures dans l'arrondissement ;

Les receveurs de l'enregistrement dans le canton ;

Et, aux termes d'une décision ministérielle du 6 février 1873, avec les présidents des tribunaux civils, *mais seulement pour le service du jury criminel.*

Les paquets doivent être mis sous bandes, et déposés au guichet de la poste.

L'adresse doit mentionner, avec la signature du juge de paix, la désignation de ses fonctions.

En matière criminelle, le juge de paix doit renvoyer closes et cachetées, et non sous bandes, les pièces de la procédure. Il mettra sur la lettre cette mention : « Clos par nécessité. »

203. — Le juge de paix a le droit d'user du télégraphe pour expédier en *franchise* les dépêches urgentes que la poste ne pourrait pas transmettre en temps utile.

FORMULES

---

204 — Réquisitoire à la force publique

Nous, ... juge de paix du canton de . . . . . officier de police judiciaire, auxiliaire de M. le Procureur de la République ;

Vu l'art, 25 du code d'instruction criminelle,

Requérons le sieur . . . . . commandant de la brigade de gendarmerie de . . . . . de nous prêter secours de la force armée sous ses ordres, pour. . . . . (*motifs de l'emploi de la force publique.*)

Fait à . . . . . le . . . . .

   Sceau.   *Signature.*

205 — Réquisitoire pour un expert

Nous, ... etc (*Voir formule précédente*).

Vu les articles 43, 44 et 49 du code d'instruction criminelle et les articles 16 et 17 du décret du 18 juin 1811,

Requérons M. . . . . .

De se transporter immédiatement avec nous, en la commune de . . . . .

A l'effet de procéder (*indiquer la constatation à faire*).

Afin de nous faire un rapport sur les causes de . . .
(*indiquer s'il s'agit d'un crime ou d'une levée de corps*).

Fait à . . . . . le . . . . . .

     Sceau.   *Signature.*

205 bis. — Formule de serment des experts

Vous jurez de faire votre rapport et de donner
votre avis sur votre honneur et conscience.

206. — Réquisitoire à la gendarmerie

pour conduire un prévenu devant le Procureur de
la République.

Nous,. . . . . etc (*Voir formule n° 204.*)

Procédant en cas de flagrant délit,

Requérons le sieur. . . . . commandant de la brigade de gendarmerie de. . . . . de faire conduire
devant M. le procureur de la République à. . . . .
le nommé (*nom, prénoms, profession, âge et domicile*)
prévenu de. . . . .

Fait à . . . . . le . . . . . .

     Sceau.   *Signature.*

207. — Mandat de comparution

Nous. . . . ., juge de paix du canton de . . . . .

Agissant en vertu de la Commission rogatoire de
M. le juge d'Instruction de . . . . en date du . . . .

Mandons et ordonnons à tous les huissiers ou agents
de la force publique de citer à comparaître par devant

Nous, en notre cabinet, à . . . . . le nommé (*nom,
prénoms, profession, âge et domicile*) le . . . . . heure
de . . . . . à l'effet d'être interrogé sur les faits qui
lui sont imputés ; et de lui déclarer que s'il ne comparaît pas aux jour, lieu et heure indiqués il sera contre lui décerné un mandat d'amener.

Fait à . . . . . le . . . . . .

    Sceau.   *Signature.*

208. — Mandat d'amener

Nous, ... etc ;

Procédant en cas de flagrant délit, en vertu de l'art.
40 du code d'instruction criminelle ;

Mandons et ordonnons à tous huissiers ou agents
de la force publique d'amener par devant Nous
à . . . . . en se conformant à la loi, le nommé (*nom,
prénoms, profession, âge, domicile ; et, s'il est possible,
signalement*) prévenu de . . . . .

Pour être entendu sur les faits dont il lui sera donné
connaissance ;

Requérons tous dépositaires de la force publique
de prêter main-forte pour l'exécution du présent mandat, en cas de nécessité.

Fait à . . . . . le . . . . .

    Sceau.   *Signature.*

209. — Mandat de dépôt

Nous, ... etc ;

Procédant en cas de flagrant délit, en vertu de l'art.
34 du code d'instruction criminelle ;

Mandons et ordonnons à tous les huissiers ou agents de la force publique de conduire à la maison d'arrêt de . . . . . le nommé (*nom, prénoms, profession, âge et domicile*) que nous avons fait arrêter pour avoir contrevenu à ce que nous avions défendu conformément à l'article précité.

Enjoignons au gardien de la dite maison d'arrêt de le recevoir et le retenir en dépôt jusqu'à nouvel ordre. Requérons tous dépositaires de la force publique de prêter main-forte pour l'exécution du présent mandat, en cas de nécessité.

Fait à . . . . . le . . . . .

Sceau.   *Signature.*

210. — Interrogatoire en cas de flagrant délit.

L'an . . . . . le . . . . . heure de . . . . .

Nous, ... juge de paix du canton de . . . . . officier de police judiciaire, auxiliaire de M. le procureur de la République, étant à . . . . . assisté de M. . . . . notre greffier ;

Et procédant en cas de flagrant délit par suite de notre procès-verbal de ce jour.

Avons fait subir l'interrogatoire suivant au dénommé ci-après, prévenu de . . . . . trouvé sur les lieux (*ou conduit devant nous en vertu de notre mandat d'amener du . . . . .*)

Demande : Quels sont vos nom, prénoms, âge, profession, domicile et lieu de naissance ?

Réponse : . . . . .

D.

R.

Nous avons représenté au prévenu tels objets . .
et l'avons interpellé de s'expliquer sur eux.

Le prévenu a répondu : . . . . .

Lecture faite, a persisté et a signé avec nous et
notre greffier.

Ou lecture faite, a persisté et avons signé avec notre greffier, le sieur . . . . . ayant déclaré ne le savoir, de ce requis.

Signatures.

211. — Interrogatoire sur commission rogatoire.

L'an . . . . . le . . . . . .

Nous . . . . . juge de paix du canton de . . . . .

Agissant en vertu de la commission rogatoire de
M. le juge d'instruction de. . . . . en date
du. . . . . . .

Étant en notre cabinet et assisté de M. . . . . . ,
notre greffier ;

Avons interrogé ainsi qu'il suit le dénommé ci-
après, prévenu de. . . . . , et se présentant devant
nous, en vertu de notre mandat de comparution
du. . . . .

Demande : (*La suite comme à la formule numéro 210*).

212. — Cédule à témoins.

Nous. . . . . , juge de paix du canton de. . . .

Agissant en vertu de la commission rogatoire de
M. le juge d'instruction de. . . . , en date du. . . .

Mandons et ordonnons à tous huissiers et agents
de la force publique, d'assigner à la requête de M. le

Procureur de la République de l'arrondisssement de. . . .

1°   . . . . . . , ...

2°   . . . .

A comparaître le. . . . heure de. . . . par devant nous, à. . . . pour y déposer en personne sur les faits et circonstances dont il l. . . sera donné connaissance ; l. . . déclarant qu'à défaut de comparaître il . . . y ser . . . contraint . . . par corps.

Fait à. . . le. . . .

Sceau   *Signature*

213. — Audition des témoins en cas de [flagrant délit.

L'an. . . . le. . . . heure de. . . .

Nous. . . . juge de paix du canton de. . . . , officier de police judiciaire, auxiliaire de M. le Procureur de la République, étant à. . . . assisté de M. . . notre greffier ;

Et procédant en cas de flagrant délit, par suite de notre procès-verbal de ce jour ;

Avons fait comparaître par devant nous les personnes ci-après nommées qui nous ont successivement et séparément les unes des autres, hors de la présence du prévenu, fait les déclarations suivantes :

1° (*Nom, prénoms, profession, âge, domicile*).

Déclare . . . .

. . . .

Lecture faite, a persisté et a signé avec nous et notre greffier.

Ou : Lecture faite, a persisté et avons signé avec

notre greffier ; le témoin ayant déclaré ne le savoir ;
de ce requis.

Signatures

2° . . . .

3° . . . .

Fait et clos à. . . . et avons signé avec notre
greffier.

Signatures

214. — Audition des témoins sur commission rogatoire.

(Chaque déposition sur une feuille séparée).

L'an. . . . le. . . .

Par devant nous. . . . juge de paix du canton
de. . . .

Agissant en vertu de la commission rogatoire de
M. le juge d'instruction de. . . . en date du. . . .

Étant en notre cabinet, et assisté de M. . . . notre
greffier ;

Est comparu le témoin ci-après nommé, assigné
par exploit de. . . huissier à. . . . en date du. . .
dont il nous a représenté sa copie, pour faire sa déclaration sur le fait et les circonstances de. . . . dont
est inculpé le nommé. . . .

Lequel témoin, après avoir, sur notre invitation,
prêté entre nos mains, le serment de dire toute la vérité, rien que la vérité, a, sur notre demande, déclaré
n'être parent, allié, serviteur, ni domestique du prévenu, et a été entendu par nous séparément, hors la
présence du prévenu, ainsi qu'il suit :

Je me nomme. . . . .

. . . .

Interpellé d'expliquer tel fait, le témoin a répondu :
Je. . . .

Lecture faite, a persisté, a requis taxe et a signé avec nous et notre greffier.

Ou : Lecture faite, a persisté, a requis taxe et avons signé avec notre greffier, le témoin ayant déclaré ne le savoir, de ce requis

Signatures

Observation — Lorsque tous les témoins cités ont comparu et déposé, il n'y a pas lieu de rédiger une clôture du procès-verbal d'information. Dans le cas contraire, on ajoutera immédiatement après la déposition du dernier témoin la mention suivante :

Tous les témoins assignés étant entendus, à l'exception de. . . . qui nous a fait présenter un certificat ci-annexé, attestant que. . . . (*genre de maladie*) l'a mis dans l'impossibilité d'obéir à la citation ; et de. . . . qui n'a ni comparu ni fourni d'excuse, quoique valablement assigné, nous avons clos le présent procès-verbal les jour, mois et an que dessus, et avons signé avec le greffier.

Signatures

215. — Taxe de témoins.

Nous. . . . etc. . . . ,

Avons taxé sur sa réquisition à. . . . témoin entendu dans la procédure dirigée à l'occasion de. . . . la somme de. . . . . (*en toutes lettres*) pour. . . . . (*nombre*) jour, *ou* pour. . . . (*nombre*) myriamètre parcouru, en vertu de l'art. . . . . du règlement du. . . . .

Et attendu que le témoin ne reçoit aucun traitement à raison d'un service public et qu'il n'y a pas de partie civile en cause, *ou* qu'elle a justifié de son in-

digence, ordonnons que ladite somme sera payée sur
les fonds généraux des frais de justice criminelle par
le receveur de l'enregistrement au bureau de. . . . .

Ledit témoin a déclaré savoir *ou* ne savoir signer.

A. . . . le. . . .

Signature

216. — Taxe à un témoin qui a perdu sa copie de citation.

Nous. , . . etc. . .

Vu l'exploit de. . . . , huissier, du. . . . , enre-
gistré à. . . , le. . . . , duquel il résulte que. . . .
profession de. . . . , demeurant à. . . . , en ce canton, a été assigné à la requête de M. le Procureur de
la République, conformément à notre cédule du. . .
à l'effet de comparaître devant nous ce jour, pour déposer dans la procédure dirigée à l'occasion de. . . .

Attendu que. . . . a comparu et a fait sa déposition ;

Attendu que ledit. . . . a perdu la copie de la citation qui lui a été donnée aux fins ci-dessus, ce qui
nous met dans l'impossibilité de lui taxer sur cette
copie d'assignation, conformément au règlement, l'indemnité à laquelle il a droit.

Avons, par le présent mandat, taxé sur sa réquisition audit. . . . pour. . . . etc. (*le reste comme à la
taxe précédente*).

Signature.

Cette taxe doit être établie sur une feuille de papier
de la même dimension que celle au timbre de 0,60
centimes.

4.

217. — Taxe à un témoin qui se trouve hors d'état de fournir aux frais de son déplacement.

Nous. . . . etc. . . . .

Vu la copie de la citation délivrée à. . . . pour comparaître devant. . . . *(la cour, le tribunal ou le juge d'instruction)* de. . . . arrondissement de. . . . département de. . . .

Vu le certificat ci-joint délivré par le maire de la commune de. . . . constatant l'impossibilité où se trouve le témoin de fournir aux frais de son déplacement ;

Vu l'article 135 du décret du 18 juin 1811 ;

Mandons au receveur de l'enregistrement établi à. . . . de payer audit sieur. . . . la somme de. . . *(en lettres)*.

A. . . . , le. . . .

Signature.

Sceau.

218. Mémoire des indemnités de transport *dus à. . . . juge de paix du canton de. . . . arrondissement de. . . . département de. . . . et à. . . . greffier de la même justice de paix.*

N°s D'ORDRE	Dates des articles des lois, décrets, ordonnances ou délégations en vertu desquels le transport a eu lieu.	Causes du transport et désignation des opérations	Lieu du transport.	Date et durée du transport.	Distance du lieu du transport.	Prix fixé par le règlemt		Sommes dues au		TOTAL
						88	80	juge de paix	greffier.	
				j.	myr. kil.	f. c	f. c.	f. c.	f. c.	f. c.

Nous, soussignés, certifions véritable le présent mémoire.

A. . . . le. . . .

Signature du greffier.   *Signature du juge de paix.*

219. — Procès-verbal de constat.

L'an. . . . le. . . . heure de. . . .

Nous. . . . juge de paix du canton de. . . . officier de police judiciaire, auxiliaire de M. le procureur de la République, assisté de M. . . . notre greffier;

Et procédant en cas de flagrant délit,

Instruit par la dénonciation à l'instant faite devant nous par le sieur. . . . (*nom, prénoms, profession, domicile*), *ou* par l'avis qui nous a été donné, *ou* par la clameur publique, qu'un homicide venait d'être commis sur la personne du sieur Nicolas D. . . . rentier, domicilié dans une maison sise à . . . .

Nous nous sommes transporté, accompagné de M. le maire de . . . . et de deux gendarmes de la brigade de . . . . dans la maison sus-désignée dont nous avons fait garder l'extérieur et les issues avec défense de sortir de la maison et de s'éloigner du lieu jusqu'après la clôture de notre procès-verbal, sous les peines portées par l'article 34 du code d'instruction criminelle.

Monté au premier étage, par un escalier à droite, au fond d'une cour, nous avons été introduit dans un appartement composé de cinq pièces donnant sur la cour ou sur un jardin.

Nous y avons trouvé réunis :

1° le sieur . . . (*nom et prenoms*), domestique du sieur Nicolas D. . . .;

2° le sieur . . . . (*nom, prénoms, profession, domicile*), voisin :

3° et un individu qui nous a été désigné comme étant celui qui a été arrêté par le sieur . . . .

Sur notre interpellation, cet individu nous a déclaré se nommer François X. . . . né le . . . à . . . exercer la profession de . . . . et demeurer à . . . .

Nous avons ordonné que . . . . serait gardé sous la main de justice, en état de mandat d'amener et nous l'avons, en conséquence, remis entre les mains de la gendarmerie, en recommandant de veiller à ce qu'il ne communiquât avec personne et ne jetât ou ne détruisît rien de suspect.

En présence, tant de cet individu que des personnes ci-dessus dénommées, nous avons constaté le corps du délit et ses circonstances ainsi qu'il suit :

Dans une pièce donnant sur le jardin et servant de chambre à coucher, nous avons trouvé sur un lit dont les draps, la couverture et les matelas étaient inondés de sang, un cadavre du sexe masculin que le sieur. . . . . . domestique, et le sieur. . . . . . ont reconnu être celui du sieur D. . . . .

Ce cadavre était couché sur le dos, vêtu d'une simple chemise et coiffé d'un bonnet de coton ; il avait reçu plusieurs blessures dans la partie antérieure de la poitrine ;

Le sang avait jailli jusque sur la muraille du côté de la ruelle.

A terre, dans un coin de la chambre, nous avons trouvé un couteau-poignard, à manche de corne, dont la lame était teinte de sang. Ce couteau, que nous avons saisi, ne porte ni nom, ni marque de fabricant. La lame est d'environ. . . . . . centimètrs de longueur sur. . . . . . centimètres de largeur.

On ne remarque dans l'appartement aucune effraction, aucun dérangement qui puisse faire présumer l'existence d'un vol ou d'une lutte entre l'assassin et sa victime.

Requis par nous de procéder à l'examen des causes de la mort du sieur D. . . . . MM. . . et . . . docteurs en médecine, ont prêté entre nos mains le serment de faire leur rapport et de donner leur avis en leur honneur et conscience.

Leur examen terminé, il nous ont rapporté que. . . . . , . (écrire textuellement le rapport.)

Ou les experts nous ont déclaré qu'ils ne pourraient nous remettre qu'ultérieurement leur rapport qui sera rédigé par écrit et annexé au présent procès-verbal.

Nous avons requis les hommes de l'art de visiter

l'inculpé arrêté ; ce qu'ayant effectué, ils ont déclaré
que sa blouse était tachée de sang, que. . . . . . etc.

Voulant constater comment on avait pénétré dans
l'appartement, nous avons remarqué qu'il n'existait
ni à la porte, ni aux fenêtres aucune trace d'effraction. Une clef était dans la serrure, à l'intérieur. Cette
clef s'ajuste parfaitement à la serrure qui est une
serrure de sûreté et il est présumable qu'elle en est
la véritable clef.

Informé qu'une porte qui donne du jardin dans la
rue avait été entr'ouverte, et présumant que l'assassin
avait pu s'introduire de ce côté dans la maison, le
jardin n'étant séparé de la cour que par un mur d'appui d'environ un mètre de hauteur, dans lequel est
une porte fermant seulement au loquet, nous nous
sommes rendu à la porte de ce jardin par l'extérieur
pour nepas effacer ni confondre les empreintes de pas
qu'aurait pu laisser l'assassin dans l'intérieur du
jardin.

La rue étant pavée, nous n'avons rien vu dehors,
mais dans une des allées qui conduisent intérieure-
ment de la porte du jardin à la maison, nous avons
remarqué sur la terre amollie par la pluie qui est tom-
bée hier, des empreintes de pas qui se dirigeaient de la
porte à la maison. Ces empreintes, parfaitement for-
mées, et de même grandeur, appartenant à deux
souliers différents, les uns portant la trace de vingt
clous au talon, et les autres ne portant que dix-huit
clous et une trace de clous manquant au milieu du
talon.

Nous avons fait déchausser le sieur X... inculpé, et
nous avons reconnu que le soulier de son pied gauche
s'adaptait parfaitement aux empreintes où se voit la
trace de vingt clous, et que le soulier de son pied droit
s'adaptait aussi parfaitement aux empreintes où est la
trace de dix-huit clous ; qu'à ce soulier il manque un

clou à la même place qu'à ces dernières empreintes.

Nous avons ensuite fait fouiller le sieur X..., il ne s'est trouvé sur lui qu'un passe-partout que nous avons essayé à la porte du jardin et qui l'ouvre avec peu de difficulté.

Nous nous sommes emparé, pour servir de pièces de conviction, de la chemise, du bonnet de coton, des draps et de la couverture du lit du défunt ; du couteau-poignard, de la clef de l'appartement et du passe-partout saisi sur X...; de la blouse et des souliers de l'inculpé à qui nous en avons fait fournir d'autres, par le sieur..., marchand fripier, demeurant à...

Nous avons renfermé les objets par nous saisis dans un sac de toile que nous avons fermé au moyen d'une corde à nœud, aux deux bouts de laquelle nous avons adapté une feuille de papier, au moyen de cire à cacheter rouge que nous avons scellée de notre sceau. Sur notre interpellation, le sieur... a signé et paraphé avec nous cette bande de papier.

Les héritiers du défunt étant inconnus, nous avons immédiatement apposé les scellés à la conservation des droits de qui il appartiendra et nous avons rédigé un procès-verbal spécial pour ladite apposition de scellés.

Lecture faite du présent procès-verbal à l'inculpé X... et aux personnes y dénommées, ils l'ont signé avec nous et notre greffier.

Signatures.

Et le même jour, heure de.., nous nous sommes transporté dans le domicile du sieur X..., et là, en sa présence, nous avons fait une perquisition dans sa chambre, située au deuxième étage. Nous n'y avons rien trouvé, si ce n'est un billet sans signature, portant son adresse, qui était caché dans un des tiroirs de sa commode, et qui portait ces mots : « retardez jusqu'à demain soir ; vous dirai pourquoi ; à demain matin comme toujours. »

Sur notre réquisition, X... a signé et paraphé le billet dont nous nous sommes saisi.

Lecture faite, etc.

Signatures.

D'après l'interrogatoire de X... rédigé séparément du présent procès-verbal, des soupçons graves s'élevant contre le sieur Jacques B..., neveu du défunt; nous nous sommes transporté sur-le-champ à son domicile, sis en cette commune, rue..... lesdits jour et an, heure de...

Cet individu étant absent, nous avons fait ouvrir la porte de son logement par le sieur... serrurier, par nous requis, et nous avons fait dans tous les lieux dépendant de l'habitation de Jacques B..., une perquisition qui n'a produit aucun résultat.

Jacques B... ayant été arrêté pendant le cours de nos opérations, en vertu de notre mandat d'amener, nous l'avons confronté, immédiatement après son interrogatoire, au cadavre de son oncle, dans le domicile duquel nous sommes retourné.

A la vue du cadavre, il a pâli et s'est troublé. Nous lui avons demandé s'il le reconnaissait ; il nous a déclaré, en balbutiant, que c'était celui de son oncle et que ses assassins étaient bien criminels.

Lecture faite etc...

Signatures.

Et attendu que François X... est inculpé d'être l'auteur de l'assassinat du sieur Nicolas D.., que Jacques B... est inculpé de s'être rendu complice de ce crime, en provoquant par promesses X... à le commettre et en lui procurant les instructions et moyens de le consommer, nous avons ordonné qu'ils resteront sous la main de justice en état de mandat d'amener pour être conduits devant M. le procureur de la République de l'arrondissement de . . . et être statué à leur égard ce que de droit.

Fait et clos à . . . . . les jour, mois et an que dessus, et avons signé avec notre greffier.

220. — Avertissement pour comparaître.

JUSTICE DE PAIX DU CANTON DE...

Avertissement du Juge de paix

. Nous. . . . .
Juge de paix du canton de . . . . .
Officier de police judiciaire, auxiliaire de M. le procureur de la République de. . . . .
Invitons M. . . . . demeurant à. . . . . à comparaître par-devant nous, en notre cabinet, sis à . . . . le . . . . à . . heures . . pour déposer sur les faits dont il lui sera donné connaissance.
Fait à . . . . le

Sceau   *Signature.*

221. — Dénonciation et plainte.

L'an . . . . . le . . . . heure de . . . .
Par-devant nous . . . . juge de paix du canton de . . . . officier de police judiciaire, auxiliaire de M. le procureur de la République, étant à . . .
S'est présenté (*nom, prénoms, professions, âge et domicile du comparant*), comparaissant en personne, *ou:* par le sieur . . . . . son fondé de pouvoir, en vertu d'une procuration spéciale (*nature de la procuration*),

en date du . . . . qui a été signée et paraphée par nous et le sieur . . . . et qui demeurera annexée au présent procès-verbal.

Lequel nous a déclaré que (*détailler les faits qui donnent lieu à la dénonciation ou à la plainte*).

Il nous a indiqué comme témoins :

1°

2°

Il nous a présenté et remis comme pièces à conviction . . . (*les objets sont décrits et scellés*).

(*Si le plaignant se porte partie civile, en faire mention*).

Lecture faite, le dit sieur . . . . *ou* son fondé de pouvoir a déclaré persister et a signé avec nous à toutes les pages.

Signatures.

222. — Procès-verbal de remise à inserire à la suite de la dénonciation ou plainte rédigée d'avance.

L'an . . . le . . . heure de . . .

Par-devant nous . . . etc. (Voir formule précédente),

Lequel a déposé entre nos mains la dénonciation *ou* la plainte qui précède.

Après lecture, le sieur . . . a persisté et a signé avec nous à toutes les pages et nous lui avons donné acte de la remise qu'il nous a faite.

Signatures.

TABLE ALPHABÉTIQUE

(LES CHIFFRES INDIQUENT LES NUMÉROS)

EXTRAIT DU CATALOGUE

Addenet (*A.*), ancien procureur. — Code de l'officier de l'état-civil, ou les actes de l'état civil considérés dans leurs motifs, leur caractère et leur forme, avec tables et formules. 1879, 1 vol. in-12. 3 50

Béchard (*F*), avocat au Conseil d'État. — Droit municipal dans les temps modernes, xvie, xviie siècles, in-8. 8 »
Ouvrage couronné par l'Institut national de France en juillet 1863 (prix Bordin de 3,000 fr).
— Autonomie et Césarisme. Introduction au droit municipal moderne. 1869, in-8. 4 50

Braff (*P.*), chef du bureau de l'administration et de la comptabilité des communes au Ministère de l'intérieur. — Administration financière des communes, ou Recueil méthodique et pratique des lois, décrets, ordonnances, etc., qui régissent cette matière. 1857-1869, 2 vol. in-8 et supplément. 15 »
N.-B. — Le supplément se vend séparément, 2 50
— Principes d'administration communale. 1869, in-12. 2e édition. (*Supplément.*) 2 50
— Des Octrois municipaux. (Extrait de l'ouvrage précédent.) 1857, in-8. 4 »
— Des Biens communaux. In-8. 1 50

Brunel (*A.*), conseiller de préfecture. — Le Budget communal. Résumé pratique et méthodique de la législation et de la jurisprudence, concernant la préparation, l'approbation et l'application des budgets des communes, avec un appendice contenant les lois, décrets et ordonnances, ainsi que les formules ou modèles dont les administrateurs municipaux ont à faire la fréquente application. 1866, in-8. 9 »

Constant (*Ch.*), avocat à Cour de Paris. — Code des Théâtres, contenant un exposé des principes juridiques, le texte des principaux décrets, circulaires et règlements. 2e édition, 1881, 1 vol. in-12. 3 50
— Code départemental ou Manuel des Conseillers généraux et d'arrondissement. 1880, 2 vol. in-12. 7 »
— Code des réunions publiques, des réunions électorales et des réunions privées. — Commentaire pratique de la loi du 30 juin 1881. 1 vol. in-12. 2 »
— Code des établissements industriels, dangereux, insalubres et incommodes. 1881, 1 vol. in-12. 3 50
— Code de la Presse. 1882, 1 vol. in-12. 3 50

Crepon. — Le Ministère public a-t-il qualité pour provoquer, dans l'intérêt général, la rectification des actes de l'état civil? 1860, in-8. 1 »

De Croos (*P.*, avocat à Béthune. — Code rural. Régime du sol. Bois et forêts. Régime des eaux. 1882, 2 vol. in-12. 7 »

Deloynes (*P.*), professeur à la Faculté de droit de Bordeaux. — Les Octrois et les Budgets municipaux ; étude sur l'organisation communale. 1871, in-8.   3 »

Deshaires (*G.*), chef de division à la préfecture de Montauban. — Traité de l'administration départementale et communale, etc. 1868, in-8.   8 »

Dictionnaire théorique et pratique des justices de paix, des tribunaux de simple police et d'instruction criminelle, publié sous la direction de M. Paul Dupont. 1870, 2 vol. in-8.   15 »

Dommanget (*M.*), ancien avocat à la Cour d'appel de Metz. — Petit Manuel ou instructions élémentaires à l'usage du garde particulier des bois et des forêts. 1873, in-18.   1 50

Dubarry (*J*), ancien sous-préfet. — Le Secrétaire de Mairie, ouvrage pratique à l'usage des maires, adjoints, conseillers municipaux, secrétaires et employés de mairie, membres des commissions administratives des hospices et bureaux de bienfaisance et des conseils de fabrique, percepteurs, receveurs, etc. 11ᵉ édition. 1880, in-8.   7 50

— Formulaire des maires et des conseils municipaux, contenant les formules des actes que ces fonctionnaires ont à rédiger, et des délibérations que ces assemblées ont à prendre pour toutes les affaires qui intéressent les communes, les bureaux de bienfaisance, les hospices et les fabriques. 1880, in-8.   8 50

— Journal des Maires, suite au Secrétaire de Mairie, publication mensuelle, in-8. — Abonnement d'un an.   5 »

Dubois (*D.*), économe des hospices de Douai. — Des Secours à domicile. 1868, in-16.   1 »

— De la Réforme des Monts-de-Piété. 1870, in-16.   1 »

Dufresne (*A.*), greffier en chef du tribunal de Rennes. — Traité théorique et pratique sur le tarif des droits et indemnités alloués aux greffiers en chef des Cours d'appels et des Tribunaux de première instance, en matière criminelle et correctionnelle. 1858, in-8.   6 »

Frémy, ancien avoué, juge suppléant au tribunal civil de Senlis. — Du Droit de destruction des animaux malfaisants ou nuisibles, en tout temps, sans permis de chasse ni autorisation préfectorale. 1878, in-8.   1 75

Fontant, juge de paix. — Guide pratique des magistrats près les tribunaux de simple police, indiquant, par ordre alphabétique, les contraventions avec les textes de loi et les articles des Codes pénal, forestier, de procédure civile et d'instruction criminelle qui y sont applicables. 1872, in-8.   2 »

Formules générales à l'usage des juges et des greffiers des justices de paix, publiées par la direction du Recueil des justices de paix, avec la colloboration de M. Cranney, juge de paix du canton de Sèvres (Seine-et-Oise). 1875, in-8.   3 »

Giraud, conseiller à la cour d'Orléans. — Éléments de droit municipal ou Notions d'administration communale et de tenue des registres de l'état civil. 1869, in-18. 2 50

Glasson (*E.-D.*), professeur à la faculté de droit de Paris. — Eléments du droit français considéré dans ses rapports avec la morale et l'économie politique. 1875, 2 vol. in-8. 8 »

Cet ouvrage, couronné par l'Institut (Académie des sciences morales et politiques), a pour objet de vulgariser la science du droit et de montrer que notre législation est, plus qu'on ne le croit généralement, conforme au principe du droit naturel et de l'économie politique. Il contient les règles fondamentales de toutes les branches du droit français et leur explication ; à ce dernier titre, il se recommande tout particulièrement aux magistrats et officiers de l'ordre administratif.

Grandvaux (*L.*), sous-préfet à Castellane. — Code pratique des Chemins vicinaux, d'après le nouveau règlement général, augmenté d'un commentaire, de notes, de modèles, avec le texte des lois, décrets, etc., applicables au service de la voirie vicinale, de 1789 à 1857. 1857, 2 vol. in-12. 8 »

Greffier (*E.*), conseiller à la Cour de cassation. — Des Cessions et des Suppressions d'offices. — Résumé pratique des lois, décrets et instructions ministérielles concernant cette matière. 3e édition, 1874, in-8. 3 50

— De la formation et de la révision annuelle des listes électorales. 2e édition, 1882, 1 vol. in-12. 3 50

Grétry (*A. de*). — Coup d'œil sur le mécanisme de l'administration départementale, 1855, in-8. 3 50

Grivel (*Fél.*), procureur de la République à Vouziers. — Etude sur la pêche à la ligne. 1879, in-8. 2 »

Guilhon (*N.-A.*), juge de paix. — Traité de la police du roulage dans ses rapports avec la compétence des tribunaux de simple police ; de la constatation, de la poursuite et de la répression des contraventions, etc. 1857-1858, in-8, avec supplément. 6 »

— Des mauvais traitements envers les animaux domestiques et de leur répression. Explication de la loi du 2 juillet 1850. 1862, in-12. 1 50

— Des contraventions et des délits en matière d'ivresse publique. Commentaire explicatif de la loi du 23 janvier 1873. 1879, in-12. 2 »

Henrion de Pansey. — OEuvres judiciaires, annotées par une Société de jurisconsultes et de magistrats, avec une notice biographique par M. Rozer, avocat. Gr. in-8 à 2 col. 4 »

Ce volume renferme le Traité des Justices de paix, du Pouvoir municipal et de la Police rurale, de l'Autorité judiciaire en France et de la Pairie, depuis son origine jusqu'à nos jours.

Jay (*J.-L.*) et **Beaume** (*Alex.*). — Traité de la vaine Pâture et du Parcours. 1863. in-8. 3 50

Leignadier, Gautier (*J.*) et **Augier** (*V.*). — Formulaire complet et raisonné des Tribunaux de paix et de simple police, contenant tous les actes que les juges de paix et les greffiers sont appelés à rédiger en matière civile, en matière de police, et quelquefois en matière administrative, 1847, in-8.   4 »

Leblond (*P*), avocat à la Cour de Rouen. — Code de la Chasse et de la Louveterie. 1878, 2 vol. in-12.   6 »

Mondesir (*F. de*), juge suppléant à Vitry-le-François. — Du logement des militaires chez les habitants. 1872, in-8.   2 »

Morillot (*André*), substitut du procureur général près la Cour de Douai. — Du Travail des enfants dans les manufactures et de la nécessité de modifier la loi du 19 mai 1874. 1877, in-8.   1 »

Neyremand (*de*) conseiller à la Cour d'appel de Nimes. — Questions sur la chasse. 2° édit., revue et considérablement augmentée. 1871, in-18.   3 50
— Du Droit de destruction des animaux malfaisants ou nuisibles. 1868, in-8.   1 »
— De la Nécessité de réprimer l'ivresse. 1870, in-8.   1 25

Rendu (*A.*), avocat à la Cour de Paris. — Code municipal ou Manuel des Conseillers municipaux, contenant l'exposé de la législation municipale et les solutions pratiques des questions qui peu, vent intéresser les communes et les conseillers municipaux. 1879- 2 vol. in-12.   6 »

Répertoire administratif des Maires et des Conseillers municipaux, par *A.* **Taulier**, avocat près la Cour de Grenoble. — Journal mensuel, in-8. — Prix de l'abonnement annuel.   8 »

Traité de la Compétence judiciaire et de la Procédure des justices de paix en matière civile, suivi de plus de 250 formules, publié par la direction du *Recueil général des Justices de paix*, avec la collaboration de Hector *Leconte*, ancien bâtonnier, juge de paix du 1ᵉʳ arrondissement d'Arras, précédé d'une introduction par M. *Damotte*, juge de paix du 15° arrondissement de Paris. 1875, 1 fort vol. in-8.   12 »

Traité théorique et pratique des actions possessoires et des actions en bornage, publié par la direction du *Recueil général des Justices de paix*, précédé d'une introduction par Hector *Leconte*, ancien bâtonnier, juge de paix du 1ᵉʳ arrondissement d'Arras, et suivi de formules rédigées par M. *Cranney*, juge de paix du canton de Sèvres (Seine-et-Oise). 2° édit., 1875, in-8.   6 »

Traité théorique et pratique des Actions possessoires, publié sous la direction de M. Paul Dupont. 1869, in-8.   3 »

Vuatiné (*C.*), sous-chef de bureau au Ministère de l'intérieur. — Code annoté et Guide spécial des tribunaux de simple police. Nouvelle édition. 1867, 1 fort vol. in-12.   6 »

PETITE ENCYCLOPÉDIE JURIDIQUE

T. I. **Code des Théâtres**, contenant un exposé des principes juridiques, le texte des principaux décrets, circulaires et règlements, par CH. CONSTANT, avocat à la Cour de Paris, 2ᵉ édition, 1881, 1 vol. in-12.   3 fr. 50

II-III. **Code de la Chasse et de la Louveterie**, par P. LEBLOND, avocat à la Cour de Rouen. 1878, 2 vol. in-12.   6 fr. »

IV-V. **Code municipal ou Manuel des Conseillers municipaux**, contenant l'exposé de la législation municipale et les solutions pratiques des questions qui peuvent intéresser les communes et les conseillers municipaux, par AMBROISE RENDU, avocat à la Cour de Paris, 1879, 2 vol. in-12.   6 fr. »

VI. **Code de l'officier de l'état civil**, ou les actes de l'état civil considérés dans leurs motifs, leur caractère et leur forme, avec tables et formules, par A. ADDENET, ancien procureur. 1879, 1 vol. in-18.   3 fr. 50

VII. **Des dégâts causés par le gros et le petit gibier,** Code de la responsabilité des propriétaires de bois et forêts, locataires de chasses et la compétence des juges des référés dans les matières dont la connaissance appartient aux juges de paix, etc. par M. FRÉMY, juge suppléant au tribunal civil de Senlis. 1879, 1 vol. in-12.   2 fr. »

VIII. **Codes de la propriété industrielle.** — I. (*Brevets d'invention*). par AMBROISE RENDU, docteur en droit, avocat à la Cour de Paris, 1879, 1 vol. in-12.   3 fr. 50

IX-X. **Code départemental ou Manuel des Conseillers généraux et d'arrondissement**, par CH. CONSTANT, avocat à la Cour de Paris, 1880, 2 vol. in-12.   7 fr. »

XI. **Codes de la propriété industrielle.** — II. (*Contrefaçon des inventions brevetées*), par AMBROISE RENDU, docteur en droit, avocat à la Cour de Paris, 1880, 1 vol. in-12   3 fr. 50

XII. **Codes de la propriété industrielle.** — III. (*marques de fabrique et de commerce*), par AMBROISE RENDU, docteur en droit, avocat à la Cour de Paris. 1881, 1 vol. in-12.   3 fr. 50

XIII-XIV. **Code des règlements d'ordres**, soit amiables, soit judiciaires, par A. ULRY, juge chargé des ordres, à Guéret. 1881, 2 vol. in-12.   7 fr. »

XV. **Code des réunions publiques, des réunions électorales et des réunions privées.** — Commentaire pratique de la loi du 30 juin 1881, par CH. CONSTANT, avocat à la Cour de Paris. 1881, 1 vol. in-12.   2 fr. »

XVI. **Code des établissements industriels, dangereux, insalubres et incommodes,** par CH. CONSTANT, avocat à la Cour de Paris, 1881, 1 vol. in-12.   3 fr. 50

XVIII. **Code de la Presse,** par CH. CONSTANT, avocat à la Cour de Paris (*sous presse*).

XIX-XX. **Code rural,** par P. DE CROOS, avocat à Béthune (*sous presse*).

Laval. — Imprimerie et stéréotypie E. Jamin, quai d'Avesnières.